Bienvenue à Porto

Torre dos Clérigos.
K. Kozlowski/age fotostock

22
CARMO
220

Arriver à Porto

EN AVION

Aeroporto Dr Francisco Sá Carneiro

Sur l'EN 107, à 14 km au nord-ouest de Porto - ✆ 229 432 400 - www.aeroportoporto.pt.

Services à l'arrivée – DAB, bureau de change, bureau de poste, consignes automatiques, loueurs de voitures. Un **office de tourisme** (8h-23h30) délivre une multitude d'informations et de documentations dont un bon plan de Porto avec transports en commun *(mapa turístico oficial)*. La **Porto Card**, s'achète au guichet Nova Câmbios.

Compagnies aériennes – *p. 98.*

Liaison centre-ville

Métro – La ligne E (violette) relie l'aéroport au centre-ville (à partir de 6h, toutes les 20 ou 30mn, durée 30mn, 2 €) ; c'est le moyen de transport le plus pratique.

Bus – Les n°s 601 (5h30-23h30) et 602 (5h30-20h45) relient l'aéroport à Cordoaria dans le centre (1h env. ; 2 €) ; le n° 3M (0h-5h) rejoint l'av. dos Aliados.

Navette Goin'Porto – ✆ 937 599 089 - www.goinporto.com. Elle effectue le trajet entre l'aéroport, Boavista (Casa da Música) et le centre-ville (av. dos Aliados, angle r. 31 de Janeiro), entre 4h45 et 1h15 (durée 20mn pour Boavista, 30mn pour le centre, 5 € l'aller, 9 € AR)

Taxi – Comptez env. 27 €.

EN TRAIN

Horaires et tarifs – www.cp.pt

Gare Campanhã – ***D2 sur plan agglo*** - R. da Estação (à l'est du vieux Porto) - ✆ 808 208 208. Liaisons internationales et nationales ; directement reliée au métro et au bus (ligne 207) pour le centre-ville ; station de taxis.

Gare de São Bento – ***E-F5*** - Praça Almeida Garret - ✆ 808 208 208. Gare du centre-ville, reliée au métro ; tous les trains qui en partent s'arrêtent à Campanhã (liaison entre les deux gares, toutes les 5mn env. (durée 5mn). Liaisons banlieue et régionales nord.

EN BUS

Terminal de bus internationaux – ***B1*** - Interface Casa da Música - Rua do Capitão Henrique Galvão - M° Casa da Musica. Compagnie **Eurolines** (www.eurolines.fr), compagnie **Internorte** (www.internorte.pt). Eurolines assure des liaisons en bus vers Porto depuis une cinquantaine de villes en France (23h de trajet depuis Paris).

Transports et visite
Porto Card – *p. 103.*

Tramway.
P. Jacques/hemis.fr

Les immanquables

notre sélection des plus beaux sites

Fundação de Serralves★★ p. 38

Sé★
p. 16

Ponte Luís I★★
p. 23

Igreja São Francisco★★
p. 20

Casa da Música★
p. 37

Parque da Cidade★
p. 40

Torre dos Clérigos★
p. 31

La vallée du Douro★★
p. 58

Nos coups de cœur

Gravir les marches de la torre dos Clérigos, haute de 75 m, qui servait autrefois de point de repère aux marins, et être saisi par la vue panoramique sur la ville, la cathédrale, le Douro et les chais. *p. 31.*

Longer la rive sud du Douro à vélo jusqu'à **Afurada**, savourer un poisson grillé dans l'une des tavernes du village de pêcheurs et aller observer les oiseaux dans la réserve naturelle de l'estuaire. *p. 46.*

Plonger avec émotion dans l'univers des **peintres et des sculpteurs portugais des 19e et 20e s.** au museu nacional Soares dos Reis.

Contempler, entre autre, la statue de marbre, *O Desterrado*, symbole de la *saudade*. *p. 32*

Voguer sur le Douro et approcher ainsi les élégants ponts qui enjambent le fleuve, dont le spectaculaire Ponte Luís I, l'un des emblèmes de la ville. Ce sera certainement une invitation à remonter le fleuve et à découvrir la vallée du Douro et le parcours du vin. *p. 109.*

Se faire **bringuebaler dans le charmant ancien eléctrico** (tramway) jaune et ocre de la ligne 1, qui longe la rive nord du Douro jusqu'à son embouchure à **Foz do Douro,** avec la sensation d'effectuer un voyage dans le temps. Admirer au passage les façades des églises baroques do Carmo e das Carmelitas. *p. 37 et 32.*

Scruter les fresques d'azulejos des églises et de la salle des pas perdus dans la gare de São Bento, ainsi que les **devantures Art déco** des boutiques surannées proches du marché de Bolhão. *p. 28-30.*

Gargolas/iStock

Vieux tramway dans une rue de Porto.

TasfotoNL/iStock

Foz do Douro.

Après la **visite d'un prestigieux chai** à Vila Nova de Gaia, poursuivre la dégustation sur la terrasse de l'espace Porto Cruz au coucher du soleil tout en contemplant, en face, le fabuleux site de Porto avec ses deux collines séparées par un vallon qui mène à la place da Ribeira. *p. 89.*

Se faire surprendre par le contraste entre l'extérieur, assez sobre, de l'église **Santa Clara** et l'intérieur, recouvert de bois doré ; saluer les innombrables petits anges d'or. *p. 24.*

Participer et se laisser gagner par l'excubérance et la joie contagieuse de la **São João, la plus grande fête de Porto**, célébrée dans la nuit du 23 au 24 juin. Rues bondées, liesse populaire, dîners en plein air de sardines grillées, concerts et bals dans les différents quartiers ; après le feu d'artifice, achever la fête sur la plage. *p. 110 et p. 120.*

Se promener en fin d'après-midi sur les rives du Douro, le long du **cais da Ribeira**, dominé par les étroites et colorées maisons du 18e s., ou y débuter la soirée sur l'une des nombreuses terrasses afin d'admirer le coucher du soleil qui se mire dans les eaux du Douro. *p. 23.*

Porto en 3 jours

JOUR 1

Matin
Débutez la découverte de la ville du haut de la **torre dos Clérigos★** *(p. 31)* pour prendre vos repères et contemplez la vue. Allez ensuite visiter le **centro Português de Fotografias★** *(p. 35)*, tout proche. Arpentez les ruelles médiévales du **vieux Porto**, admirez la décoration intérieure baroque de l'**église São Francisco★★** *(p. 20)* et l'architecture magistrale du palácio da Bolsa sur la place Infante Dom Henrique. Sur cette même place, déjeunez dans le mercado Ferreira Borges qui a conservé sa belle architecture métallique du 19e s., ou à quelques pas, dans l'une des charmantes adresses de la rua das Flores.

Après-midi
Direction l'église de São Lourenço dos Grilos pour y visiter le très intéressant **museu de Arte Sacra e Arqueologia★** *(p. 19)*. En sortant, grimpez quelques marches jusqu'à la terrasse de la **Sé★** *(p. 16)*, autre superbe point de vue sur la ville ; prenez le temps de découvrir l'intérieur de la cathédrale. Rejoignez la muraille Fernandina, jetez un coup d'œil au passage aux sculptures dorées de l'**église Santa Clara★** *(p. 24)*. Dévalez les escaliers dos Guidais jusqu'au Douro et prenez place à bord d'un bateau pour une **croisière** sur le fleuve.

Soirée
Dînez sur le **cais da Ribeira★★** en profitant de la vue sur le Douro.

Jours suivants, aux alentours

S'il vous reste du temps, mettez le cap sur la splendide ville de Guimarães (comptez une journée). Si vous disposez de 2 ou 3 jours supplémentaires, partez explorer la remarquable vallée du Douro, l'un des paysages les plus surprenants du Portugal, et dormez dans une quinta en amont de Régua.

JOUR 2

Matin
Pour commencer en beauté la journée, immergez-vous dans l'univers de la sculpture et la peinture portugaise au **museu nacional Soares dos Reis★** *(p. 32)*, puis dirigez-vous vers le centre en passant par la praça da Liberdade, observez les azulejos de la **gare São Bento★** *(p. 30)* et flânez dans le quartier commerçant autour de la rua Santa Catarina en contemplant les façades Art déco et les mythiques cafés. Déjeunez près du marché do Bolhão de quelques produits frais ou dégustez une *francesinha*, la spécialité incontournable de Porto !

Après-midi
Consacrez l'après-midi à la **Fundação de Serralves★★** *(p. 38)*, puis à une promenade à Foz do Douro. Empruntez la ligne de tramway 1 pour le retour.

Soirée

Selon la programmation, associez un concert et un repas à la **casa da Música**★ *(p. 37)* ou passez la soirée à **Maus Hábitos** *(p. 88)*.

JOUR 3

Matin

À vélo, empruntez la piste cyclable qui longe la rive sud du Douro jusqu'à la réserve naturelle de l'estuaire, et allez observer les oiseaux. Poussez jusqu'à l'Océan et profitez de la plage. Revenez sur vos pas et goûtez à la délicieuse atmosphère villageoise d'**Afurada**★ *(p. 46)*. Installez-vous dans l'un des restaurants pour déguster un poisson grillé ou des fruits de mer.

Après-midi

Visiter le **Centro interpretativo do Património da Afurada**, qui dévoile l'histoire de ce village de pêcheurs. Revenez vers Vila Nova de Gaia, ou, si vous voulez faire une boucle, embarquez, avec votre vélo, pour une petite traversée du fleuve à bord du **Flor do Gás** *(p. 37)*. Vous voici sur l'autre rive ; pédalez le long du Douro jusqu'à Porto. En fin d'après-midi, visite guidée d'un **chai** à Vila Nova de Gaia.

Soirée

Passez la soirée à **Vila Nova de Gaia**★ *(p. 43)*.

K. Welsh / Getty Images

Excursion sur le Douro.

Visiter Porto

Barco rabelo sur le Douro.
PhiloPhotos/iStock

SE RESTAURER

- A Capoeira 32
- Cafeína 10
- Casa do Pescador 18
- Tavi 31

PRENDRE UN VERRE

- Casa de Chá 17
- Mercearia do Miguel 13

C D

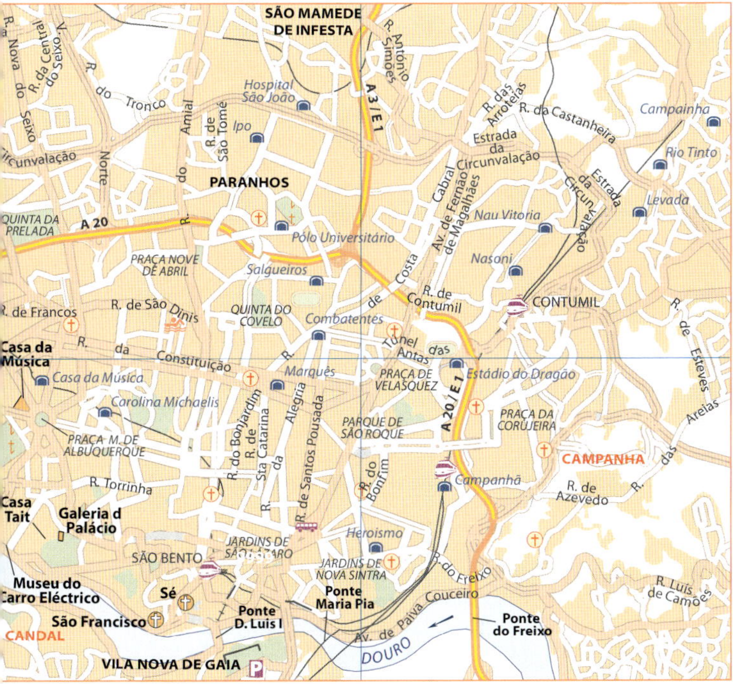

C D

SORTIR
Adega Rio Douro 10
Praia da Luz 7

Porto aujourd'hui

Capitale économique et culturelle du Nord, Porto est aussi le berceau du Portugal. Présentes dès l'époque romaine, les deux cités qui contrôlent l'estuaire du Douro, **Portus** (le Port) sur la rive droite, et **Cale**, en face, sur la rive gauche, donneront en effet leur nom à la Nation.

Porto occupe un splendide site escarpé : ses demeures et édifices colorés s'accrochent aux versants pentus du Douro. Souvent sévère et brumeux, le mythique « fleuve d'or », cher au cinéaste Manoel de Oliveira, termine ici son long parcours à travers l'Espagne et le Portugal.

Célèbre pour les vins auxquels elle a donné son nom, Porto érige en statues les héros de son passé insurrectionnel et cache les plus beaux décors baroques du pays derrière ses façades en granit.

Sur la rive droite du fleuve, le **vieux Porto**, autour du quartier populaire de la **Ribeira**, fait depuis quelques années l'objet de multiples travaux de réhabilitation. Les quais sont un lieu de vie nocturne, avec de nombreux bars et restaurants.

Le **centre** traditionnel **(Baixa)** étend son réseau de rues commerçantes autour de la praça da Liberdade et de la gare São Bento, très animées dans la journée. On se presse devant les vitrines des boutiques, au charme souvent désuet, des rues Santa Catarina, Formosa, Sá da Bandeira, Fernandes Tomás, on aime à faire une halte dans l'un des multiples cafés ou l'une des pâtisseries... En soirée, la foule se déplace vers les cafés et les bars au nord de la torre dos Clérigos.

Vers l'ouest, autour de l'**avenue de Boavista**, entre Porto et Foz, se tient le quartier des affaires. Les grandes banques, les hôtels d'affaires, les centres commerciaux s'y sont installés, dans des tours modernes. L'animation bat son plein aux beaux jours aux alentours, dans le secteur des plages et à Matosinhos.

Sur la rive gauche, presque en vis-à-vis, **Vila Nova de Gaia** rassemble les chais où vieillissent les plus prestigieux portos, à déguster face à l'un des plus beaux panoramas sur la ville.

En 1996, l'inscription du centre historique, le vieux Porto, au **Patrimoine mondial de l'Unesco** a donné un coup de fouet aux activités touristiques et culturelles de la ville. Capitale européenne de la culture en 2001, à l'affût des nouveaux courants artistiques et musicaux, la ville s'est enrichie d'un musée d'Art contemporain et, en 2005, d'un audacieux complexe dédié à la musique, la Casa da Música. Elle peut s'enorgueillir d'un métro de qualité, d'un vaste aéroport ultra-moderne offrant une quantité de liaisons aériennes à bas coûts, et accueille la plus grande université du Portugal.

Populaire dans les ruelles de la vieille ville, financière, affairée et commerçante autour de la praça da Liberdade, balnéaire sur le front de mer, intemporelle face au Douro, Porto présente plus d'un visage, tout en conservant une douce et singulière harmonie. Élue meilleure destination européenne 2014, c'est à pied et durant l'intersaison que la cité révèle le mieux ses charmes, à travers ses ruelles labyrinthiques, ses pavés noirs et blancs luisant parfois sous la pluie, et ses parcs à l'atmosphère romantique. Dans cette ville, qui accueille des architectes de renom, on est frappé à chaque coin de rue par la diversité et la richesse du patrimoine architectural : monuments médiévaux du vieux Porto, édifices baroques, églises aux belles façades décorées d'azulejos, splendides cafés Art déco, anciennes boutiques au devanture de bois, architecture de fer et édifices contemporains. Mais ce qui fait avant tout la richesse de Porto, c'est l'hospitalité de ses habitants, l'authenticité, le savoir vivre et la convivialité, que l'on ressent notamment dans les *tascos*, les bistrots de quartier, ou les petites boutiques.

Enfin, la cité est aussi une porte d'entrée vers une région au patrimoine naturel et historique exceptionnel : les saisissants paysages des rives du Douro, sculptées de hauts gradins soutenant les rangs de vignes et les oliveraies, ou encore la légendaire cité de Guimarães avec son bourg médiéval valent le voyage. Prévoyez donc plus d'un week-end pour votre escapade à Porto et dans sa région !

Casa da Música, par l'architecte néerlandais Rem Koolhaas.

Le vieux Porto★★

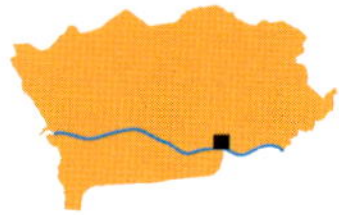

Ruelles et venelles escarpées partent à l'assaut de la rive nord, jusqu'à l'imposante cathédrale qui veille sur le vieux Porto, centre historique de la ville datant du Moyen Âge et classé au Patrimoine mondial de l'Unesco. La statue de l'infant dom Henrique (Henri le Navigateur) pointe le doigt en direction de l'Océan, rappelant la participation de la ville aux Grandes Découvertes.

▶**Accès :** En métro, la station la plus proche est « São Bento » (ligne D). Visitez ensuite à pied. Voir plan détachable et plan de quartier p. 26.

▶**Conseil :** Comptez une bonne demi-journée. Prenez le temps d'arpenter le labyrinthe de ruelles médiévales du quartier de la cathédrale, vous ne pouvez pas vous perdre, on retombe toujours sur la rive du fleuve. En fin de journée, après avoir effectué une petite croisière sur le Douro, allez prendre un verre sur le Cais da Ribeira en admirant la lumière dorée qui illumine le fleuve, le pont Luís I et Vila Nova de Gaia en face : un enchantement !

« Nos adresses » p. 70, 79, 82, 87 et 90.

TERREIRO DA SÉ

(Esplanade de la cathédrale)

E6 La vaste esplanade surplombant la vieille ville est occupée en son centre par un **pilori néopombalin** (1945). Elle est délimitée par la silhouette massive de la cathédrale, par l'ancien palais épiscopal (18e s.) et par une tour en granit du 14e s. On remarque aussi la statue équestre de **Vímara Peres** (820-873), seigneur de guerre chrétien qui libéra Porto de l'emprise des Maures en 868.

Du **Terreiro da Sé**, on peut s'aventurer dans les escaliers et les ruelles étroites de la vieille ville, d'où s'offrent de belles échappées sur la forêt de toits rouges dégringolant vers le fleuve. Les charmants quartiers en contrebas, **bairro da Sé** et **bairro da Lada**, ont conservé une atmosphère conviviale et populaire. Ils sont accessibles par un enchevêtrement de ruelles et d'escaliers.

SÉ★

E6 *☎ 222 059 028 - avr.-oct. : lun.-sam. 9h-19h, dim. et j. fériés 9h-12h30, 14h30-19h ; nov.-mars : lun.-sam. 9h-18h, dim. et j. fériés 9h-12h30 - gratuit.*

Église-forteresse du 12e s., la **cathédrale**, un des premiers monuments romans importants érigés au Portugal, a subi de profondes modifications aux 17e et 18e s. Avec un aspect rude d'église-forteresse, elle présente une architecture quelque peu hétéroclite. La façade principale, encadrée de deux tours carrées, casquées de dômes, est percée d'une rosace romane (13e s.) et d'un

Terreiro da Sé.

Les plus beaux panoramas de Porto

Voici quelques exemples parmi bien d'autres : la ville étant bâtie sur des collines, le site offre de multiples perspectives, d'où que l'on soit.

***Tour dos Clérigos** (p. 31) : vue panoramique de la ville.*

***Butte du Pilar** (p. 43) : depuis la rive sud, du parvis de l'ancien couvent de Nossa Senhora da Serra do Pilar, vue sur la vieille ville, le Douro et les chais.*

***Terreiro da Sé** (p. 16) : vue sur le quartier de la cathédrale.*

***Pont Luís I** (p. 23) : au milieu du Douro, vue impressionnante sur les deux rives.*

***Teleférico de Gaia** (p. 107) : on surplombe les toits des chais de Gaia, vue extraordinaire sur le pont Luís I et le fleuve, ainsi que la Ribeira.*

***Belvédère de Santa Catarina** : vue sur l'embouchure du fleuve et Afurada, de l'autre côté du fleuve.*

portail baroque. Sur la face nord a été ajoutée une loggia baroque (1736), attribuée à l'architecte **Nasoni** (*encadré p 30*).

À l'intérieur, la nef centrale, assez étroite, est encadrée par deux bas-côtés ; remarquez trois bénitiers en marbre du 17e s., chacun supporté par une statuette, ainsi que, dans le baptistère, un relief en bronze, œuvre du sculpteur Teixeira Lopes, représentant le baptême du Christ par saint Jean.

Le transept et le chœur ont été transformés à l'époque baroque. La chapelle du Saint-Sacrement, qui s'ouvre sur le bras gauche du transept, abrite un **autel★** avec un retable en argent ciselé (œuvre portugaise du 17e s.).

Claustro – *Accès par le bras droit du transept - avr.-oct. : lun.-sam. 9h-18h30, dim. et j. fériés 14h30-18h30 ; nov.-mars : lun.-sam. 9h-17h30, dim. et j. fériés 14h30-17h30 - 3 €.*

Le cloître, qui date du 14e s., fut totalement revêtu de panneaux d'**azulejos★** réalisés par Valentim de Almeida de 1729 à 1731 représentant des scènes de la vie de la Vierge et du Cantique des cantiques. Un bel escalier en granit signé Nicolau Nasoni mène à la terrasse décorée d'azulejos d'António Vital (deux tableaux des *Métamorphoses* d'Ovide). Surplombant à droite le cloître roman primitif où sont exposés quelques sarcophages, elle donne à gauche sur la salle capitulaire dont le plafond à caissons peint par Pachini (1737) représente les allégories des valeurs morales. Un autre escalier redescend dans le cloître par la **salle du Trésor**.

MUSEU GUERRA JUNQUEIRO★

***E6** R. D. Hugo, 32 - ✆ 222 003 689 - mar.-dim. 10h-17h30 - 2,20 €, gratuit w.-end - cafétéria.*

Située derrière la cathédrale, cette demeure du 18e s. s'ouvre sur une cour-jardin calme. Elle appartenait au poète du 19e s. **Guerra Junqueiro** (1850-1923) qui rassembla au cours de sa vie une très belle collection de meubles, d'orfèvrerie, d'argenterie portugaise des 17e et 18e s., de statues religieuses, de tapisseries, etc. Remarquez les faïences hispano-mauresques (15e-16e s.), le mobilier portugais, les tapisseries flamandes du 16e s. et une belle collection de Vierges en bois polychrome pour la plupart d'origine flamande.

IGREJA DE SÃO LOURENÇO DOS GRILOS★

(Église de saint-Laurent, église des Grillons)

E6 *Largo de Colégio - ✆ 223 395 020 - lun. 14h-18h, mar.-sam. 10h-13h, 14h-18h - église entrée libre, musée d'Art sacré 2 €.*

Belle **vue** sur le vieux quartier et le Douro de la terrasse sur la droite du parvis. L'**église** de style maniériste fut construite par les jésuites au début du 17e s., avant que le marquis de Pombal ne les expulse du Portugal en 1759. Les augustins, populairement surnommés les grillons en raison de leurs sombres habits, s'y installent à partir de 1780. L'église renferme un retable en bois sculpté et doré du 18e s., et l'ancienne sacristie abrite de beaux objets liturgiques.

Museu de Arte Sacra e Arqueologia★ – Il abrite une collection variée et bien mise en valeur d'art religieux du 13e s. à nos jours. La salle du rez-de-chaussée expose un bel ensemble de Vierges à l'Enfant, en bois polychrome datant des 14e, 16e et 17e s. À l'étage, une pièce est conscrée aux œuvres d'**Irene Vilar** (1930-2008), peintre-sculpteur originaire de Matosinhos, qui affiche une grande liberté d'expression et une approche originale de l'art sacré. Ses bronzes de Marie à l'Enfant, son Christ en croix incrusté dans le bois sont particulièrement expressifs et émouvants. On accède ensuite à la tribune où l'on découvre d'anciens manuscrits; jolie vue sur l'église, en particulier sur le remarquable orgue ibérique du 18e s. La galerie des Confessions, ainsi nommée par les jésuites, regroupe d'intéressantes peintures, statues, et des crucifix consacrés à la vie du Christ.

RUA DAS FLORES

E5-6 Cette petite rue piétonne, qui remonte vers la gare de São Bento, est bordée de commerces traditionnels et de demeures du 18e s., de style baroque, aux façades blasonnées. C'était l'ancienne rue des orfèvres et des joailliers, qui compte aussi deux vénérables librairies (aux nos 28 et 40) et quelques charmantes boutiques restaurées permettant de faire une halte gourmande ou des achats (*« Prendre un verre » p. 79*).

MUSEU E IGREJA DA MISERICÓRDIA DO PORTO

E6 *R. das Flores, 5 - ✆ 222 074 710 - www.mmipo.pt - ♿ - avr.-sept. 10h-18h30, oct.-mars 10h-17h30 - fermé lun. - 5 € -* *« Porto Card et billets jumelés » p. 103.*

Ce musée, installé dans le siège de l'ordre Misericórdia et attenant à l'église, mérite une visite. Fondé en 1499, Santa Casa da Misericórdia do Porto est une organisation privée à but non lucratif qui œuvra activement durant cinq siècles dans le domaine social, éducatif et de la santé. Très bien agencé sur trois niveaux, le musée retrace l'histoire de l'institution et par la même une partie de celle de Porto ; il met en avant les donateurs (salle des portraits avec écran tactile présentant les jolies lettres de dons, calice réalisé à partir des alliances des bienfaiteurs) et présente une importante collection d'œuvres, en particulier d'art sacré : peintures, sculptures, bijoux et vêtements religieux du 15e au 17e s. Au premier niveau, ne manquez pas un remarquable tableau de l'école flamande, **Fons Vitæ★★** *(La Fontaine de vie)*, offert par le roi Manuel Ier vers 1520. Il représente un Christ crucifié, entouré de la Vierge et de saint Jean, dont le sang coule dans une fontaine auprès de laquelle sont agenouillés le donateur Manuel Ier, sa femme Leonor et leurs huit enfants. L'origine de ce tableau est mystérieuse : il a été attribué à différents peintres dont Holbein, Van der Weyden et Van Orley, mais fut probablement réalisé par un Portugais s'inspirant des peintres flamands. Le parcours se clôt par la visite de la **Misericórdia**, église baroque ornée d'une belle façade qui fut dessinée par **Nicolau Nasoni** *(encadré p. 30)*. Édifiée en 1750, l'influence du style rococo y est déjà visible.

AUTOUR DE PRAÇA INFANTE DOM HENRIQUE★

(Place de l'Infant Henri)

E7 Perchée sur un socle de granit, la statue de bronze d'Henri le Navigateur et son globe terrestre domine la place. Figure de l'esprit commerçant, il symbolise les prémices des Grandes Découvertes *(p. 115)*. Autour de la place se dressent plusieurs monuments affichant différents styles architecturaux.

Palácio da Bolsa (Palais de la Bourse) – *R. Ferreira Borges - ☎ 223 399 013 - www.palaciodabolsa.pt - visite guidée (30mn) avr.-oct. : 9h-18h30 ; nov.-mars : 9h-12h30, 14h-17h30 - 9 € (-12 ans gratuit, tarif réduit 5,50 € - « Porto Card et billets jumelés » p. 103.*

Le bâtiment de style néoclassique fut érigé en 1834 par l'Association commerciale de Porto, qui l'occupe toujours. Après avoir emprunté un bel escalier de granit et de marbre sculpté, on visite la salle de l'ancien tribunal de commerce, la Salle dorée et le **Salon arabe★**, pastiche de l'Alhambra de Grenade. De forme ovoïde, il est décoré de vitraux, d'arabesques et de bois sculpté et doré, imitant les stucs arabes.

En face de la Bourse, en haut de la place, la halle rouge du **mercado (marché) Ferreira Borges** *(10h30-0h, vend.-sam. jusqu'à 2h - gratuit)* achevée en 1888, présente un bel exemple d'architecture métallique du 19e s. *(expositions temporaires, concerts, restaurant, voir « Se restaurer » p. 70)*.

Igreja de São Francisco★★ – *R. Infante D. Henrique - ☎ 222 062 100 - juil.-sept. : 9h-20h ; mai-juin : 9h-19h30 ; mars-avr., oct. : 9h-19h ; nov.-fév. : 9h-18h - 7 € comprenant la Maison du tiers ordre, la crypte et*

Pont Luís I et le métro.
B. Perousse / hemis.fr

Hospital São João

l'église proprement dite. L'église est accolée au **palais de la Bourse**. Sur l'esplanade en haut des escaliers, on commence la visite par la **Maison du tiers-ordre de saint François** *(Terceiros),* qui abrite une collection permanente d'art sacré avec des pièces du 16e au 20e s.

La **crypte *(catacumbas)*** recèle un panthéon où reposent les dépouilles de frères franciscains du monastère et de nobles. On peut y admirer la sculpture *A Caridade (la charité)* d'**António Teixeira-Lopes**. La salle du fond laisse paraître, à travers un grillage au sol, un ossuaire.

Quant à l'**église gothique**, elle s'ouvre à l'ouest par un portail du 17e s. qui a conservé sa jolie rosace sculptée. La sobriété de l'architecture extérieure correspondait à l'esprit de pauvreté de l'ordre des Franciscains. Mais cet ordre, devenu très puissant à partir du 17e s., se vit octroyer privilèges et biens matériels. Cela se manifeste à l'intérieur de l'église par le triomphe de la **décoration baroque★★** : les autels, les murs, les voûtes disparaissent sous un foisonnement impressionnant de *talhas douradas*, boiseries sculptées et dorées (17e-18e s.) représentant des pampres, des angelots et des oiseaux.

L'**Arbre de Jessé★**, dans la 2e chapelle à gauche, est une réalisation particulièrement remarquable, tout comme le maître-autel. Sous la tribune, à droite en entrant dans l'église, se trouve une statue de saint François en granit polychrome (13e s.). Cette richesse choqua tant le clergé que l'église fut fermée au culte.

WORLD OF DISCOVERIES

D6 *Rua de Miragaia, 103 - ✆ 220 439 770 - www.worldofdiscoveries.com - lun.-vend. 10h-18h, w.-end. et j. fériés 10h-19h, fermé 1er janv. et 25 déc. - 14 € (4-12 ans 8 €, - 3 ans gratuit). Achetez les billets via l'office de tourisme pour obtenir une réduction, autrement le prix est élevé ; achat sur Internet : - 15 %. Explications en six langues dont le français. Restaurant sur place.*

Installé dans d'anciens entrepôts tout près du Douro, ce complexe – à la fois parc thématique et musée interactif – est dédié à l'âge d'or du Portugal : les Grandes Découvertes. Il a ouvert en 2014, une année avant le 600e anniversaire de la prise de Ceuta par les Portugais. Après la visite de quelques salles d'exposition (maquettes de navires, outils de navigation, présentation des grands navigateurs, etc.), le visiteur progresse à la découverte du monde dans un petit bateau qui le mène, à travers différents décors, sur les traces des explorateurs portugais : Ceuta, terres africaines, forêt tropicale, Inde, Timor, Macao, Japon et côtes brésiliennes.

CASA DO INFANTE

(Maison de l'Infant)

E7 *R. da Alfândega, 10.*

D'après la tradition, **Henri le Navigateur** serait né dans cette maison présentant une belle façade en granit. Ancien bureau de douane de la ville de Porto du 14e au 19e s., elle abrite désormais les Archives historiques de la ville ainsi qu'un petit **musée** *(✆ 222 060 400 - mar.-dim. 10h-17h30 - horaires variables selon expositions - 2,20 €, gratuit le w.-end)* retraçant l'histoire du site depuis la période romaine.

CAIS DA RIBEIRA★★

E7 Dominé par la haute silhouette du pont métallique D. Luís I, ce charmant quai est un des endroits les plus vivants de Porto. Pressées l'une sur l'autre, les maisons anciennes, tout en hauteur et colorées, pavoisées de lessives multicolores, et ornées de magnifiques balcons en fer forgé, surplombent le quai aussi animé en journée qu'en soirée. Quelques bateaux anciens y sont amarrés ; des croisières sur le fleuve *(p. 109)* sont proposées à bord de « répliques ». Cette zone du centre historique a fait l'objet depuis quelques années de grands travaux de restauration, elle accueille de nombreux bars et restaurants.

Jetez un œil au **panneau d'azulejos** contemporains qui couvre le mur précédant l'entrée du tunnel de la Ribeira, à deux pas du quai. Illustrant des scènes de la vie quotidienne de la Ribeira, cette fresque est l'œuvre de **Júlio Resende** (1917-2011), grand peintre portuan contemporain, qui fut aussi professeur à l'école des Beaux-Arts de Porto. Au gré de vos promenades, vous verrez certainement d'autres réalisations en azulejos de cet artiste, par exemple les scènes de marché à la station de métro Bolhão.

Par le **pont Luís I**, on accède aux chais de la rive sud *(p. 43)*.

PONTE LUÍS I★★

F7 Symbole de la ville, ce majestueux pont, inscrit au Patrimoine mondial de l'Unesco, est le plus spectaculaire avec ses deux tabliers métalliques superposés permettant de desservir simultanément les quartiers hauts et bas de chaque rive. La ligne de métro D passe sur sa partie supérieure, mais on peut aussi le traverser à pied. Sur son niveau inférieur circulent voitures et piétons. D'une portée de 172 m, il a été construit entre 1880 et 1886 par une société belge, suivant une technique analogue à celle d'Eiffel. À l'intérieur de chaque pilier, de graciles escaliers en spirale semblent s'envoler vers le ciel. Du niveau supérieur, la **vue**★ sur la ville est splendide.

Les ponts de Porto

*Les rives du Douro sont reliées par plusieurs ponts techniquement remarquables, dont le **pont Luís I** (descriptif ci-dessus). « Porto a couché ses tours Eiffel à l'horizontale ; elles lui servent de ponts », écrivait Paul Morand avant la construction du **pont da Arrábida** (p. 46). Le pont ferroviaire **Maria Pia**, en amont des autres ponts historiques, est le plus élégant avec son arche unique de 350 m de portée. Œuvre du Français **Gustave Eiffel**, il est entièrement métallique et fut achevé en 1877. Désormais fermé, il est remplacé par le pont ferroviaire de São João en amont.*

Se mettre au vert à Porto

Jardim de Serralves *–* **B1 plan agglo** *- R. de Serralves, 977. Magnifique parc entourant la fondation de Serralves (* *p. 38**).*
Jardim do Palácio de Cristal *–* **BC5** *- R. D. Manuel II (* *p. 34**).*
Parque da Cidade *–* **B1 plan agglo** *- Grand parc au nord de Negolvide, en bordure d'Océan, à l'est du Castelo do Queijo (* *p. 40**).*
Jardim da Cordoaria (Jardim de João Chagas) *–* **D5** *- Campo Mártires da Pátria. Entre la tour dos Clérigos et l'hôpital Santo António. Agréable jardin décoré de sculptures avec une large allée ombragée de platanes aux troncs surprenants.*
Jardim do Passeio Alegre *–* **B2 plan agglo** *- Au sud de Foz do Douro, à l'embouchure du fleuve, à côté du Castelo da Foz (* *p. 41**).*
Jardim Botânico *–* **C2 plan agglo** *- R. do Campo Alegre, 1191 - 9h-19h - gratuit. À l'ouest de la ville.*

Sur la droite du pont, face à Vila Nova de Gaia, on remarque des restes de piliers en granit, il s'agit des vestiges de l'édifice précédent, le pont suspendu, utilisé durant près de quarante-cinq ans, avant d'être remplacé par le ponte Luís I en 1887.
Au bout du quai, passez sous le tablier du pont et prenez le **funiculaire dos Guindais** *(août : 8h-20h ; mai-juil. et sept.-oct. : dim.-merc. 8h-22h, jeu.-sam. 8h-0h ; nov.-avr. : 8h-20h - 2,50 €).*
Vous pouvez aussi gagner l'église à pied par les **escadas do Cadeçal** (escaliers en face du pont) qui rejoignent une ruelle escarpée bordée de maisons aux façades élancées et colorées, parfois décrépites.

IGREJA SANTA CLARA★

F6 *Largo do 1º de Dezembro - 919 428 271 - lun.-vend. 10h-12h30, 16h30-17h, sam. 10h-12h30 - gratuit.*
L'église construite au début du 15e s. s'ouvre par un remarquable portail Renaissance en granit orné de personnages en médaillons. L'extérieur, plutôt austère, contraste avec la profusion de **boiseries sculptées et dorées**★ du 18e s. qui décorent l'intérieur et lui confèrent un charme particulier.

MURALHA FERNANDINA

F6 *Muraille parallèle au funiculaire dos Guindais.* Longeant l'église Santa Clara et descendant vers le Douro, ce pan de mur crénelé et doté de petites tours est un vestige, bien conservé et restauré, de la **muraille Fernandine** érigée au 14e s. à l'initiative du roi Alphonso IV. Les travaux n'ayant finalement été entrepris que sous le règne de Ferdinand 1er (1367-1383), la muraille porte le nom du deuxième souverain.
Vous pouvez longer le mur en empruntant, à partir de la place du 1° de Dezembro, la rua de Arnaldo Gama puis les **escadas dos Guindais.** Ce sera l'occasion de s'arrêter dans un petit café un peu caché qui offre une vue magnifique sur le Douro (*« Sortir » p. 88*).

sabinoparente/Fotosearch LBRF/age fotostock

Muralha Fernandina.

SE RESTAURER
- Abadia do Porto 1
- Almeja 41
- Arroz de Forno 5
- Bacalhau 12
- Bugo Art Burgers 2
- Cantino do Avillez 28
- DaTerra 27
- DOP 13
- Forno Velho 17
- Guarany 16
- Maus Hábitos 29
- Museu d'Avó 30
- MUU Steakhouse 40
- ODE Porto Wine House 4
- O Mercado 9
- Reitoria 7
- Santiago F. 23
- Tabula Rasa 42
- Taverna d'Avò 22
- Traça 6

PRENDRE UN VERRE
- A Brasileira 20
- Armazém 11
- Café Majestic 3
- Café Vitória 19
- Candelabro 18
- Chocolateria das Flores ... 1
- Confeitaria do Bolhão 6
- Confeitaria Império 5
- Cremosi 10
- Mercearia das Flores 2
- Padeirinha doce 9
- Santini 12

SHOPPING
- A Pérola do Bolhão 1
- Arte e Alma 16
- A Vida Portuguesa 9
- Bem Português 10
- Casa Oriental 2
- Collectus 13
- Ecolã 15
- Livraria Lello 11
- Mercearia das Flores 18
- Mezzanine 7
- Mosaico de Sabores 3
- Pedemeia 14
- Portologia 5
- Touriga Vinhos de Portugal ... 12
- Vista Alegre Atlantis 17
- Workshops Pop Up 6

SORTIR
- Aduela 11
- Coliseu do Porto 12
- Galeria de Paris 24
- Guindalense F.C. 4
- Hard Club 3
- Maus Hábitos 25
- O Fado 9
- Taberna do Largo 2
- Wine Quay Bar 1

R. do Breiner
R. de Júlio Dinis
R. da Boa Nova
R. de Miguel Bombarda
R. de Miguel Bombarda
R. do Rosário
R. de Cedofeita
Carregal
Travessa do
R. de Clemente Menéres
R. de Dom Manuel II
R. de Dom Manuel II
Museu Nacional Soares dos Reis
R. Doutor Tiago de Almeida
Igreja do Carmo
Igreja dos Carmelitas
Jardim do Palácio de Cristal
R. de Jorge Viterbo Ferreira
R. d'Alberto Aires de Gouveia
Santo António
Praça de Parada Leitão
R. da Restauração
R. da Restauração
R. da Restauração
Lgo do Viriato
Jardim da Cordoaria
R. Mercadores
Museu do Vinho do Porto
R. Monchique
R. da Bandeirinha
Jardim das Virtudes
Centro Português de Fotografia
R. do Monte dos Judeus
R. do Cidral de Baixo
Escadas das Sereias
R. de Miragaia
R. Nova da Alfândega
Passeio das Virtudes
Taipas
World of Discoveries
das
R. de São Miguel
R. da Vitória
R. de Tomás Gonzaga
R. Belmonte
R. da Arménia
Palácio da Bolsa
R. Nova da Alfândega
Rio Douro
São Francisco
Cais da Fontainha
R. Viterbo
R. da Fonte Nova
Cais de
R. de São Marcos
R. de São Lourenço
Campos
R. Gaia
Pereira Costa
13
2
2
22
9
11
12

R. do Pinheiro
R. de Ricardo Jorge
R. da Conceição
R. de José Falcão
R. do Almada
R. da Picaria
Praça Général H. Delgado
Aliados
Avenida dos Aliados
R. do Bonjardim
Mercado do Bolhão
Bolhão
Capela das Almas
R. de Alexandre Braga
Rua Formosa
Rua de Santa Catarina
R. Ceuta
R. Avis
R. da Galeria de Paris
R. da Fábrica
R. do Conde de Vizela
R. de Passos Manuel
Rua das Carmelitas
Passeio dos Clérigos
Igreja de Santo António dos Congregados
Praça da Liberdade
R. dos Clérigos
R. da Madeira
São Bento
Santo Ildefonso
R. do Campinho
R. da Assunção
Torre dos Clérigos
R. dos Caldeireiros
Lgo dos Lóios
R. do Loureiro
Pr. da Batalha
R. de Entreparedes
R. da Vitória
Rua das Flores
R. de Cimo de Vila
Travessa do Cativo
R. do Cativo
Teatro Nacional S. João
R. do Duque de Loulé
Santa Casa da Misericórdia
R. dos Pelames
Afonso Henriques
Av. Dom
R. Augusto Rosa
R. da Pta do Sol
Misericórdia
R. Bainharia
Escura
Muralha Fernandina
R. de São Luís
Museu Guerra Junqueiro
Terreiro da Sé
R. Hugo
Santa Clara
R. General Sousa Dias
Passeio das Fontainhas
R. de Arnaldo Gama
R. do Miradouro
São Lourenço dos Grilos
Mercado Ferreira Borges
R. de Dom
Praça Infante Dom Henrique
R. do Clube Fluvial Portuense
Av. de Gustavo Eiffel
Casa do Infante
Cais da Ribeira
Ponte D. Luís I
N
PORTO
plan II
0
100 m
Simão
Cabo
R.

Le centre (Baixa)★

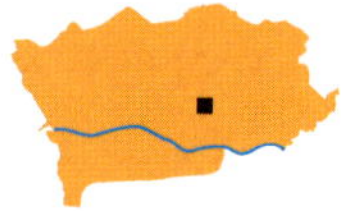

Zone centrale de la ville qui encercle le vieux Porto médiéval, la Baixa date des 19e et 20e s. Très fréquenté en journée – et le soir du côté ouest de la place de la Liberdade –, le centre de Porto s'organise autour de vastes places aux atmosphères différentes, et de rues commerçantes accueillant des façades de style Art nouveau et des boutiques au charme suranné. Veillé par la haute tour de granit de l'église Clérigos, le quartier abrite aussi d'importants édifices (musées et bâtiments civils) et des églises aux belles façades décorées d'azulejos.

▶**Accès :** En métro, la station la plus proche est Aliados ou São Bento (ligne D). Visitez ensuite à pied. Voir plan détachable et plan de quartier p. 26.
▶**Conseil :** Comptez une journée de visite à pied. Ne manquez pas le panorama du haut de la torre dos Clérigos et déjeunez dans les environs du marché.
Une promenade dans le quartier est une belle opportunité pour découvrir de remarquables peintres, sculpteurs et photographes portugais au Museu Soares dos Reis et au Centro Português de Fotografia.
« Nos adresses » p. 72, 79, 82, 88 et 90.

PRAÇA DA LIBERDADE ET AVENIDA DOS ALIADOS★

E4-5 Situées au cœur de la ville, la place et l'avenue forment un vaste espace ouvert dominé, au nord, par l'**hôtel de ville**. Elles constituent le centre névralgique de la ville. De nombreux bâtiments qui bordent la praça da Liberdade sont ornés de façades représentatives de l'Art nouveau. L'ancien Café Imperial, occupé par un restaurant de chaîne *(praça da Liberdade, 126)*, a conservé, à l'intérieur, un beau **vitrail** racontant l'aventure du café. N'hésitez pas à entrer dans la **banco de Portugal** *(praça da Liberdade, 92)*, édifice construit entre 1917 et 1934, vous pourrez y admirer des marbres polychromes et un patio surmonté d'une grande verrière.

AUTOUR DE LA RUA SANTA CATARINA ET DU MARCHÉ

F4-5 Autour de la praça da Liberdade et de l'avenida dos Aliados, rayonnent les rues commerçantes dont, à l'est, la **rua Santa Catarina** en partie piétonne, bordée d'élégantes boutiques et d'enseignes internationales. Au nº 112, admirez le célèbre **Café Majestic** (*« Prendre un verre » p. 80*), avec sa façade rococo et son intérieur Art nouveau. La **rua Formosa** compte de délicieuses pâtisseries-confiseries, comme celle du nº 339 (**Confeitaria do Bolhão**, face au marché,

L'église Santo António dos Congregados.

BBVA
VIAGENS

« Prendre un verre » p. 80), et une épicerie au n° 279 (**A Pérola do Bolhão**, *« Shopping » p. 82)*, à la belle façade de style Art nouveau recouverte de panneaux d'azulejos représentant deux Amérindiennes. Le **mercado do Bolhão** s'étend sur deux niveaux entre les rues Formosa et Fernandes Tomás. Construit entre 1914 et 1917 dans le style néoclassique, il a été longtemps menacé et subit une cure de jouvence depuis 2018. À l'horizon 2020, il devrait retrouver une centaine de marchands (sur 140 à l'origine), conserver son rôle de marché alimentaire, mais perdre son pittoresque et certains éléments décoratifs intérieurs de style néogothique ou néomauresque. Au nord du marché, admirez la décoration d'azulejos couvrant la façade et le mur latéral de la **capela das Almas★**, chapelle des Âmes *(angle rua de Santa Catarina, rua de Fernandes Tomás)*, œuvre de l'artiste-céramiste **Eduardo Leite** (1929). Certains panneaux illustrent des scènes de la vie et de la mort de saint François d'Assise, d'autres de sainte Catherine. La chapelle date du 18e s.

PRAÇA DA BATALHA

F5 Donnant sur la partie sud de la rua Santa Catarina, cette **place** est animée à toute heure. C'est le rendez-vous des habitants du quartier, installés sur les chaises disposées au centre, des étudiants des Beaux-Arts, et des pigeons qui se retrouvent sur la statue de D. Pedro V. Près de la rue piétonne de Santa Catarina, la façade baroque de l'**igreja Santo Ildefonso** (18e s.) est parée d'azulejos de **Jorge Colaço** illustrant la vie du saint (1932). En face, le **Teatro Nacional S. João** (1798), de style néo-classique, fut reconstruit à l'identique après un incendie survenu en 1908 *(www.tnsj.pt - visites guidées mar.-sam. à 12h30 - 5 € -* *« Porto Card et billets jumelés » p. 103)*.

ESTAÇÃO DE SÃO BENTO★

F5 De cette **gare ferroviaire** en activité depuis 1896, située au sud du marché de Bolhão, partent les trains pour le Minho et le Douro. Son nom vient de l'ancien couvent qui occupait les lieux auparavant. Les murs de la **salle des pas perdus★** sont plaqués d'azulejos (20 000 mosaïques)

Nicolau Nasoni et l'extravagance baroque

Le baroque du nord du Portugal, original et plein d'audace, doit beaucoup à un artiste et architecte italien, un Toscan formé à Sienne : Niccolo Nazoni, Nicolau Nasoni en portugais. Arrivé à Porto en 1725, il va travailler pour le compte du roi Jean V (1706-1750) jusqu'à sa mort en 1773. Nasoni a dessiné les plans, construit, reconstruit ou embelli d'innombrables édifices, tant à Porto (églises dos Clérigos, Misericórdia ou Sé ; palais du Freixo et de São João Novo, etc.) que dans la région (Mateus, Vila Real). Il fut l'un des meilleurs interprètes de la talha dourada (« taille dorée »). La dépouille de Nasoni repose dans la crypte de l'église dos Clérigos.

peints en 1930 par **Jorge Colaço** (1868-1942) : les scènes évoquent la vie traditionnelle dans le nord du Portugal (culture des vignes du Douro, travaux des champs, pèlerinages), ainsi que de grands épisodes de l'histoire du pays : Jean Ier entrant à Porto *(en haut à droite)* ; prise de Ceuta en 1415 par Henri le Navigateur, parti de Porto *(en bas à droite)*.

IGREJA DE SANTO ANTÓNIO DOS CONGREGADOS

EF5 *Rua Sá da Bandeira, 11 - lun.-sam. 8h-18h, dim. 8h-13h, 17h-18h, entrée libre.*
En sortant de la gare sur la droite, on remarque cette église à la façade baroque décorée d'azulejos illustrant des scènes de la vie de saint Antoine.

IGREJA E TORRE DOS CLÉRIGOS★

(Église et tour des Clercs)
EF5 *R. dos Clérigos - www.torredosclerigos.pt - tour : 9-19h (dernière entrée 18h30) ; église : été, 9h-19h ; hiver : 9h-18h - tour 3 €, audioguide 5 € ;* *« Porto Card et billets jumelés » p. 103.*
L'église baroque, de style rocaille, construite entre 1735 et 1748 par l'architecte Nicolau **Nasoni** *(voir encadré page ci-contre)*, se dresse en haut de la rue commerçante du même nom. On retrouve l'influence italienne dans le plan elliptique de la nef. L'église est dominée par la **tour**★ *(entrée côté nord)*, haute de 75,60 m, monument le plus caractéristique de Porto, qui servait autrefois d'amer aux bateaux. Un bel escalier de granit en colimaçon mène au campanile. Du sommet *(225 marches entre l'extérieur de l'église et le sommet de la tour)* se déroule un **panorama**★ étendu sur la ville, la cathédrale, le Douro, les chais et même, par temps clair, l'Océan. La restauration de 2014 a permis d'aménager un **musée**. Abritant notamment plusieurs centaines de représentations du Christ, il évoque aussi l'Irmandade (confrérie) dos Clérigos, ainsi que la vie et l'œuvre de Nasoni.
En sortant, empruntez l'original **Passeio dos Clérigos**, voie piétonne occupée par des commerces. Elle est astucieusement aménagée entre deux structures de béton aux toits inclinés couverts d'une pelouse et de splendides oliviers centenaires. L'occasion de grimper sur le toit et de faire une petite pause dans l'herbe tout en admirant de près les façades de la rue das Carmelitas.

RUA DAS CARMELITAS

E5 De belles façades ornent cette rue commerçante qui mène à l'université. Vous verrez en particulier la devanture néogothique de la **livraria** (librairie) **Lello & Irmão**★ (1881), au n° 144 (*« Shopping » p. 84*). J. K. Rolling, qui vécut à Porto, se serait inspiré de son extraordinaire **escalier intérieur**, à double volée et à double orientation, pour décrire celui de la librairie *Flourish & Blotts*, dans le premier roman de la saga *Harry Potter*. Au rez-de-chaussée, observez au sol les sillons servant à tracter les chariots à livres. Si la foule n'est pas trop dense, vous pourrez apprécier les lieux en faisant une pause au petit café du premier étage.

IGREJAS DO CARMO E DAS CARMELITAS

Praça de Gomes Teixeira

E5 Ces deux églises baroques se tiennent côte à côte. La façade latérale de l'église do Carmo *(à droite)* est décorée d'un grand **panneau d'azulejos★** représentant la prise de voile des carmélites (1912).

HOSPITAL DE SANTO ANTÓNIO

D5 *À l'ouest des églises.*
L'imposant hôpital, construit par l'architecte anglais John Carr à partir de 1770 à l'initiative de la Casa da Misericórdia do Porto, est un bel exemple de l'influence de l'architecture palladienne (une esthétique très en vogue dans l'Angleterre de la seconde moitié du 18ᵉ s.) à Porto.

MUSEU NACIONAL SOARES DOS REIS★

C4 *R. D. Manuel II, 44 - ✆ 223 393 770 - www.museusoaresdosreis.pt - mar.-dim. 10h-18h - 5 €. Agréable jardin, cafétéria.*
Ce très intéressant musée est installé dans le **palais des Carrancas** (18ᵉ s.) qui servit de résidence à la famille royale au milieu du 19ᵉ s. Il porte le nom d'**António Soares dos Reis** (1847-1889), éminent représentant de la sculpture portugaise du 19ᵉ s., né à Vila Nova de Gaia et professeur à l'Académie des beaux-arts de Porto. Remanié par Fernando Távora, architecte originaire de Porto, le musée présente des collections permanentes de **peinture** et de **sculpture portugaises** des 19ᵉ et 20ᵉ s., ainsi que des œuvres du 16ᵉ au 18ᵉ s. ; il dispose également d'une galerie d'expositions temporaires.
La peinture ancienne comprend des œuvres portugaises de Frei Carlos, Gaspar Vaz, Vasco Fernandes, Cristóvão de Figueiredo, ainsi que des œuvres étrangères de François Clouet (portraits de Marguerite de Valois et Henri II), Quillard, Pillement, Teniers, Troni et Simpson.
Dans le domaine de la **sculpture**, les œuvres les plus admirables sont celles d'**António Soares dos Reis**. Dans une galerie moderne qui lui est consacrée figure notamment son célèbre *O Desterrado (Exilé)*, une sculpture de 1872 en marbre de Carrare représentant un jeune homme, le regard perdu dans le vide, véritable incarnation de la *saudade* portugaise, ou encore, un peu plus loin, le très beau buste d'enfant, *Flor Agreste*.
La **peinture portugaise de 1850 à 1950** est notamment représentée par les toiles de **António Carvalho da Silva Porto** (1850-1893) et de **João Marques de Oliveira** (1853-1927), marqués par le mouvement naturaliste, par **Henrique Pousão** (1859-1884), également naturaliste, influencé par les impressionnistes et les symbolistes, ainsi que par José Malhoa, João Vaz et Columbano. Originaire de l'Alentejo, Henrique Pousão vécut à Paris, en Espagne et en Italie. Notez par exemple sa

Torre dos Clérigos.

22
CARMO

belle série de peintures de petits formats illustrant des ruelles de Capri ou encore la grande toile intitulée *Rapariga deitada num tronco de uma árvore* (fille se reposant sur un arbre). L'une des dernières salles dévoile de jolies scènes de Porto et du Douro, réalisées par des peintres plus modernes comme **Armando de Basto** (1889-1923), **Eduardo Viana** (1881-1967) qui fut un ami de Sonia et Robert Delaunay, ou encore **João Martins da Costa** (1921-2005).
Au 2e étage, d'importantes et intéressantes collections de **céramiques** du 17e au 20e s., d'orfèvrerie du 17e au 19e s. et d'art religieux sont présentées.
Parmi l'**art décoratif** et le **mobilier**, remarquez aussi les *contadores*, meubles-paravents raffinés, et les deux paravents *nambans* du 17e s., représentatifs de l'art indo-portugais, illustrant l'arrivée des Portugais au Japon.

JARDIM DO PALÁCIO DE CRISTAL ★

BC-5 *R. D. Manuel II - ☏ 226 081 000 - 8h-21h (oct.-mars 19h) - gratuit.*
Le jardin du palais de Cristal symbolise l'idéal romantique de communion avec la nature. Avec ses belles allées fleuries, ses animaux en liberté (paons), ses grottes artificielles, son lagon et ses fontaines, il constitue un lieu plaisant de promenade, de pique-nique ou de repos. En contrebas, des belvédères révèlent des vues sur Vila Nova da Gaia, le Douro et, par temps clair, on aperçoit la côte au loin. Ici s'élevait autrefois la serre (le palais de Cristal) qui accueillit l'Exposition internationale de 1865. Elle fut détruite pour être remplacée en 1952 par le **pavilhão Rosa Mota**, anciennement appelé pavillon des Sports, structure en béton de forme circulaire, devenu un pôle d'animation récréative, sportive et culturelle.
Galeria Municipal Almeida Garrett – *À l'angle nord-ouest du jardin - mar.-dim. 10h-18h, dim. 14h-18h sf j. fériés - gratuit*. Bâtiment à l'architecture moderne et spacieuse, la **galerie** abrite des expositions. À l'étage inférieur se trouve l'agréable et fonctionnelle **biblioteca Almeida Garrett** *(lun. 14h-18h, mar.-sam. 10h-18h - libre accès à des revues, à Internet et au café de la bibliothèque*).

MUSEU ROMÂNTICO

B4-5 *R. Entre-Quintas, 220 - ☏ 226 057 032 - mar.-dim. 10h-17h30 - 2,20 €, gratuit w.-end.*
Le Musée romantique est installé dans la Quinta da Macieirinha, une demeure d'aspect anglo-saxon aux fenêtres à guillotine, ouvrant sur le jardin du palais de Cristal. Le roi Charles-Albert d'Italie s'y réfugia en 1849 après avoir abdiqué. Il y mourut deux mois plus tard. Les pièces décorées de toiles peintes, les meubles de style Empire ou anglais, les bibelots et les stucs confèrent à cette maison un charme très particulier. De ses fenêtres de jolies vues s'ouvrent sur le Douro.

MUSEU DO CARRO ELÉCTRICO

(Musée du Tramway)
A4 - C2 plan agglo
Alameda Basílio Teles, 51 (tram n° 1) - ☏ 226 158 185 - www.museudocarroelectrico.pt - lun. 14h-18h, mar.-dim. 10h-18h - 8 € (4 €), familles : 5 € adulte, 6-25 ans 4 €, -6 ans gratuit ; audioguide 1 €.
Dans un authentique hangar de la STCP, l'ancienne centrale thermoélectrique de Massarelos, veillent une quinzaine de voitures : des premiers modèles, apparus à Porto en 1872 et qui étaient tractés par des chevaux, jusqu'aux plus récents. Ce mode de transport connu un développement important dans la première moitié du 20e s. siècle, avant que n'apparaissent les trolleybus et autobus dont on voit aussi quelques spécimens. Les tramways sont particulièrement élégants, comme le modèle *O Fumista*, ainsi nommé car, grâce à ses fenêtres amovibles permettant l'aération, il était autorisé de fumer à l'intérieur. Les murs arborent quelques belles photos anciennes de tramways circulant dans les rues de Porto. La spacieuse salle des machines, dans laquelle était produite l'énergie thermoélectrique, est impressionante.

MUSEU DO VINHO DO PORTO

B5 *R. de Monchique, 45-52 (tram n° 1, bus 500) - ☏ 222 076 300 - ♿ - mar.-sam. 10h-17h30, dim. 10h-12h30, 14h-17h30 - 2,20 €, gratuit w.-end.*
Dans un ancien dépôt (18e s.) de la Compagnie générale des vignes du Haut-Douro, qui servit ensuite de douane pour les produits importés du Brésil, ce petit musée retrace l'histoire de la ville et de son développement autour du négoce du vin qui fit sa renommée.

CENTRO PORTUGUÊS DE FOTOGRAFIA★

DE5-6 *Campo dos Mártires da Pátria - ☏ 220 046 300 - www.cpf.pt - mar.-vend. 10h-12h30, 14h-18h, w.-end et j. fériés 15h-19h - gratuit. Librairie. Bibliothèque avec quelques livres sur la photographie en consultation libre.*
Le centre mérite une visite tant pour son édifice, son histoire et son atmosphère unique, que pour l'intérêt des œuvres régulièrement présentées, ainsi que pour la collection d'appareils photographiques. La vaste bâtisse (achevée à la fin du 18e s.) aux larges volumes et aux résonances profondes abrita la cour d'appel *(Cadeia da Relação)* de Porto jusqu'en 1961 et l'ancienne prison jusqu'en 1974. On y verra en particulier la cellule où l'écrivain **Camilo Castelo Branco** (1825-1890), le « Balzac portugais », incarcéré un an pour adultère, écrivit ses *Récits de la prison de Porto*.
D'importants travaux de rénovation, entrepris à la fin des années 1980 et 1990, selon les projets réalisés par les architectes **Humberto Vieira** et **Eduardo Souto de Moura**, ont permis la reconvertion du lieu.
Il accueille aujourd'hui le Centre portugais de la photographie qui coordonne la politique nationale dans ce secteur et dispose d'une unité d'information et de recherche.

Les jardins et le Palácio de Cristal.

Les grandes salles dépouillées, aux épais murs de pierres et aux massives grilles de métal, créent une ambiance particulière et forment un cadre adapté à la présentation des photos. De nombreuses **expositions temporaires** de qualité y sont présentées. Au dernier étage, la **collection permanente★** compte un grand nombre d'appareils de tous âges et tous formats, depuis les daguerréotypes, chambres photographiques et appareils à soufflets du 19e s., jusqu'aux appareils reflex, moyens formats, panoramiques, bi objectifs, jetables ou minuscules appareils d'espionnage à la pointe de la modernité... Toute l'histoire de la prise de vue, sous l'angle de son support technique, est ainsi exposée. De cet étage, la vue sur Porto à travers les barreaux est particulièrement magnifique !

VERS MIRAGAIA

En sortant du centro Português de Fotografía, gagnez le **passeio Virtudes** (promenade des Vertus). L'esplanade offre un très beau **panorama** sur le Douro et sur les caves de Vila Nova de Gaia en face. Le lieu est souvent animé et festif en fin de journée car les habitants s'y retrouvent pour boire un verre, pique-niquer ou écouter de la musique (concerts). En contrebas, le joli **jardim das Virtudes**, au charme désuet, est aménagé sur plusieurs terrasses.

Boavista, Foz do Douro et la côte

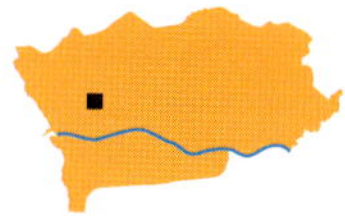

Voici la partie moderne de la ville où se sont développés ces dernières années des projets culturels et architecturaux ambitieux et emblématiques. Autrefois bordée de villas cossues, dont il reste encore quelques témoins, l'avenida da Boavista forme une artère bruyante qui mène en ligne droite jusqu'à l'Atlantique, en passant par le parque da Cidade. Autour d'elle s'organise le quartier ouest de la ville. La rive du Douro et le front de mer offrent une belle balade à pied ou à vélo.

▶ **Accès :** Pour rejoindre l'Océan, deux voies sont possibles : la longue avenida de Boavista qui file tout droit vers le Castelo do Queijo et dessert la fondation Serralves ; ou l'axe naturel du Douro qui termine sa course devant le Castelo da Foz, à l'embouchure du fleuve *(tramway ligne 1 et bus 500)*. Le métro dessert Casa da Música et Matosinhos. Si vous voulez passer sur la rive opposée, le bac *Flor de Gás* assure la traversée vers le village d'Afurada *(départ env. 500 m en aval du Ponte da Arrábida, 1,50 €/pers., 1 €/vélo).*

*Voir plan détachable **AB-1** et plan d'agglomération p. 12.*

▶ **Conseil :** Si vous ne voulez pas marcher le long de la promenade côtière, empruntez le tramway 1 qui longe le fleuve jusqu'à Foz do Douro. Pour découvrir la Casa da Música, allez-y à 16h afin de suivre la visite guidée.

« Nos adresses » p. 75, 80, 86 et 89.

IGREJA DA CEDOFEITA

***C2** R. da Cedofeita - ℘ 222 000 635 - Ⓜ Carolina Michaelis ou Lapa- en principe, mar.-vend. 6h-19h - gratuit.*
Pour certains, cette petite église constitue le plus vieil édifice chrétien du Portugal car ses fondations remonteraient au 6e s. L'église actuelle, qui date du 12e s., est en tout cas la plus ancienne de la ville. Bel exemple de **roman primitif**, elle a été transformée au cours des siècles, surtout au 17e s., mais a conservé intact son portail orné d'un *Agnus Dei.*

CASA DA MÚSICA★

***B1** V. da Boavista, 604-610 - ℘ 220 120 210 - www.casadamusica.com - Ⓜ Casa da Música - lun.-sam. 9h30-19h, dim. et j. fériés 9h30-18h - visites guidées à 11h et à 16h (en portugais et en anglais) - 10 € - « Porto Card et billets jumelés » p. 103. Programme des concerts (jazz, classique, world, etc.) dans les offices de tourisme. Restaurant et bar sur place.*
Conçu par l'architecte néerlandais **Rem Koolhaas**, ce vaste édifice blanc

de forme polyédrique qui rappelle un diamant brut est le fruit de la politique culturelle poursuivie par la ville depuis sa désignation comme Capitale européenne de la culture en 2001. Inauguré en 2005, ce bâtiment audacieux constitue un espace multidisciplinaire dédié à tous les types de musiques ; il est devenu l'un des emblèmes de la ville. Il accorde une place importante à la composition et à l'apprentissage, comporte deux auditoriums et plusieurs salles d'activités. La visite guidée permet de découvrir les différents espaces, en particulier la grande salle de concert, traversant entièrement la Casa et étonnamment ouverte sur la ville grâce à deux grandes baies, ainsi que la salle VIP, petit lieu multifonctionnel orné d'azulejos.

CASA MUSEU FUNDAÇÃO ENG-ANTÓNIO DE ALMEIDA

***B1-2* agglo** *R. Tenente Valadim, 325 - 226 067 418 - www.feaa.pt - lun.-vend. 14h30-17h30 - fermé en août - gratuit.*

Le riche industriel António de Almeida se consacra, sa vie durant, à réunir une **collection de monnaies d'or**★ d'origines grecque, romaine, byzantine, française et portugaise. Elle est exposée dans cette maison où il vécut, décorée de meubles anciens et de porcelaines.

FUNDAÇÃO DE SERRALVES★★

***B2* agglo** *R. D. João de Castro, 210 - 226 156 500 - www.serralves.pt - Ⓜ Casa da Música, puis bus 201, 203, 502 ou 504 que l'on prend à Boavista Rotunda, ou directement le bus 502 au départ du centre de Porto (mercado do Bolhão, côté nord) - avr.-sept. : mar.-vend. 10h-19h, w.-end et j. fériés 10h-20h ; oct.-mars : mar.-vend. 10h-18h, w.-end et j. fériés 10h-19h - 10 € (13-18 ans 5 €, -12 ans gratuit), parc seul 5 €, gratuit 1er dim. du mois jusqu'à 13h - « Porto Card et billets jumelés » p. 103. Visite guidée en anglais le sam. à 16h pour les expositions, le dim. à 16h pour le parc (comptez 1h).*

La fondation de Serralves, une institution privée qui travaille en partenariat avec l'État, vise à la promotion de l'art contemporain auprès du grand public ainsi qu'à la sensibilisation aux questions d'environnement.

Parc★★ – La fondation est installée dans un magnifique parc boisé de 18 ha, avec jardins, forêts et pâturages. Véritable havre de paix, l'endroit est agrémenté d'œuvres d'art et dispose en outre d'un lac, d'un jardin aromatique et d'une ferme avec des animaux. Le parc sert d'écrin à la maison de Serralves (Casa de Serralves) et au musée d'Art contemporain.

Museu de Arte Contemporanea★ – Inauguré en 1999, il a été conçu par le plus connu des architectes portugais actuels, **Álvaro Siza Vieira** (1933), natif de Porto, qui a aussi dessiné le quartier du nouveau Chiado à Lisbonne et la faculté d'architecture de Porto (*p. 133*). Harmonieusement intégré dans le splendide parc qui l'entoure, ce bâtiment moderne aux lignes vives

Foz do Douro.

est dépouillé et d'un blanc immaculé. À l'intérieur, une place essentielle est accordée à la lumière naturelle. Vous remarquerez les luxueux parquets de marqueterie du premier étage, l'élégante bibliothèque du rez-de-chaussée, ainsi que les immenses fenêtres ouvertes sur le jardin, formant des tableaux végétaux. Avec une programmation privilégiant l'avant-garde, le musée accueille des expositions temporaires d'arts plastiques (3 ou 4 par an), ainsi que des spectacles de danse, des colloques et des concerts. La collection permanente, seulement présentée en l'absence d'exposition temporaire importante, comprend des œuvres d'artistes essentiellement portugais des années 1940 à aujourd'hui.

Casa de Serralves★ – Siège de la fondation, la maison est un remarquable exemple de l'architecture des années 1930. L'intérieur, de style Art déco, a été réalisé par plusieurs architectes et décorateurs français : Siclis, Brandt (remarquez ses élégantes grilles de fer forgé), Lalique, Perzel et Ruhlmann. Expositions temporaires. Une photo, affichée à l'entrée de chaque pièce, donne un aperçu du mobilier présent à l'époque.

PARQUE DA CIDADE★

AB1 agglo *Parcours sportif, jeux, poneys.* Couvert d'immenses pelouses, de zones boisées, d'étangs, de petits bosquets et de fleurs variées, ce parc de 80 ha est très agréable *(espace pour pique-nique).* Sa partie ouest offre une belle vue sur l'Océan.

SEA LIFE PORTO

A1 agglo *1ª rua Particular do Castelo do Queijo - bus nos 202/203 ou 500/502 dir. de Castillo de Queijo - ✆ 226 190 400 - www.visitsealife.com - ♿ - lun.-vend. 10h-19h (18h en hiver), w.-end 10h-20h (19h en hiver) - adulte 13,50 €, 4-12 ans 9,50 €, tarif famille, vous pouvez obtenir des tarifs réduits en achetant les billets à l'office de tourisme -* *« Porto Card et billets jumelés » p. 103.* Grand parc dédié au monde sous-marin, aménagé en différents espaces avec des aquariums rassemblant requins, raies, hippocampes et quantité de poissons. Un tunnel sous-marin permet d'approcher les requins.

RIVE NORD DU DOURO★

BC-2 agglo *De Porto, le tramway ligne 1 longe le fleuve : départ en contrebas de l'église São Francisco, jusqu'à Foz do Douro (Paseo Alegre, près du phare de S. Miguel). Piste cyclable à partir de la rua das Sobreiras.* C'est une agréable promenade en tramway, à pied ou à vélo, les berges sont bien aménagées (même si on longe la route de près, au début, à la sortie de Porto). *Env. 6 km jusqu'au Castelo do Queijo.* On longe la paisible vallée et son fleuve, qui s'élargit progressivement jusqu'à former une mer intérieure avant le cordon de sable fermant en partie l'embouchure. Aux beaux jours, après le **pont da Arrábida** (*p. 46*), la rive accueille pêcheurs et promeneurs. Un peu plus loin, un petit port de pêche regroupant quelques barques jouxte une esplanade où quelques tables permettent de pique-niquer. On aperçoit le **phare-chapelle de São Miguel** ; datant du 16e s., c'est l'un des plus anciens phares d'Europe. Juste avant d'arriver à l'océan, on traverse le charmant **jardim do Passeio Alegre** (kiosque à musique, mini golf, café installé dans un petit chalet). Orné d'un petit bassin et de deux obélisques dessinés par Nicolau Nasoni, il est bordé d'une allée de majestueux palmiers.

FRONT DE MER, FOZ DO DOURO ET NEVOGILDE

AB-1-2 agglo *Foz do Douro et les plages sont accessibles du centre de Porto par le bus n° 500.*
Longues étendues sableuses, entrecoupées de digues et de rochers, les **plages** de Porto sont très fréquentées en été, même si la houle restreint les possibilités de baignade. Cette partie de la côte est gardée par deux forts construits au 17e s.
Au sud, le **Castelo de São João da Foz do Douro**, bâti pendant la période espagnole (1580-1640) pour protéger l'embouchure du Douro.
Au nord, le **Castelo do Queijo** (château du Fromage), juché sur un rocher rappelant la forme d'un fromage. Également connu sous le nom de **fort de São Francisco Xavier**, il gardait jadis l'estuaire du Douro.
Entre les deux forts, une agréable promenade, à l'atmosphère un peu surannée, longe le front de mer jusqu'à l'entrée de l'estuaire *(promenade de 2,8 km, parallèle aux avenidas de Montevideu et do Brasil).* Une **digue piétonnière** agrémentée d'arbres et de buissons est aménagée *(piste cyclable également)*. Vous longez les plages *(Praias da Conceição, dos Ingleses, da Luz)*, avec leurs sympathiques terrasses. L'Océan est parfois grisâtre, avec des eaux froides et mouvementées, et les embruns sont très vivifiants. C'est ici que s'étendent les **quartiers résidentiels** et balnéaires de **Nevogilde** et de **Foz do Douro**. Promenez-vous également dans les ruelles légèrement en retrait de l'océan du côté du **castelo de São João da Foz do Douro** ***(B-1)*** ; pavées et bordées de petites maisons anciennes, elles ont conservé leur charme d'antan, en particulier la **rua da Cerca**, la **rua Alto da Vila** et la **rua Senhora da Luz** (très commerçante).

MATOSINHOS

A1 agglo *Au nord du Castelo do Queijo (8 km au nord-ouest de Porto). Accessible par la piste cyclable.*
Ⓜ *Matosinhos Sul (ligne bleue).*
Cette ville est réputée pour certaines réalisations d'**architecture moderne** de l'école de Porto, dont le chef de file est **Álvaro Siza Vieira** (*p. 133*). Ce dernier réalisa en 1981 la mairie de Matosinhos.
Igreja Bom Jesus de Matosinhos – L'église se signale par sa façade baroque (18e s.), hérissée de pinacles et de quatre flambeaux, et ornée de blasons. À l'intérieur, sur les magnifiques boiseries du chœur s'inscrivent des tableaux représentant la Passion du Christ ; au maître-autel,

F. Guiziou/hemis.fr

Plage de Matosinhos et le port de Leixões créé par l'architecte Luís Pedro Silva.

très ancienne statuedu Christ, en bois, objet chaque année d'un important pèlerinage. La nef et le chœur sont surmontés d'un joli plafond à caissons. Côté **plages**, on trouve celle de **Matosinhos** et, un peu plus au nord, celle de **Leça da Palmeira** (bus n° 507, arrêt Senhora da Hora ; métro ligne bleue, arrêt Mercado et traverser le pont), longue étendue sableuse accueillant une piscine d'eau de mer. Attention, la houle peut être forte.

PORTO DE LEIXÕES

A1 agglo *Au nord de Matosinhos.*
Ce grand port de commerce artificiel, le deuxième du pays, créé à la fin du 19e s., fut transformé au fil du 20e s. Il offre un remarquable débouché aux exportations vinicoles, de bois et aux produits industriels. Un appontement destiné aux gros pétroliers et une raffinerie a permis le développement d'un nouveau secteur. C'est également l'un des plus importants ports de **pêche à la sardine** du pays, et il dispose d'une marina internationale. Enfin, Leixões entend accueillir des bateaux de croisière toujours plus nombreux et devenir la porte d'entrée du tourisme maritime à Porto et dans sa région. En témoigne le **terminal** futuriste, conçu en 2015 par l'architecte **Luís Pedro Silva**, édifice splendide dont le jeu de courbes étincèle de blancheur au soleil. Le site est capable d'accueillir des paquebots de plus de 300 m de long et leurs 2500 passagers.

Vila Nova de Gaia★

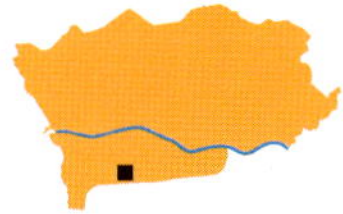

Sœur rivale et indissociable de Porto, située sur la rive gauche du Douro, de l'autre côté du pont D. Luís I, l'ancienne ville de Cale abrite le centre mondial de production du porto. Avant ou après la visite des chais, promenez-vous sur les quais et l'avenida Diogo Leite, très animés, qui longent le Douro et offrent une vue imprenable sur Porto : la ville et ses quais se reflètent dans les eaux du fleuve, avec, au premier plan, quelques « barcos rabelos » de circonstance.

▶**Accès :** À pied *via* le pont D. Luís I (niveau inférieur) ; en métro (station Jardim do Morro), on rejoint ensuite les quais à pied ou par le teleférico de Gaia *(p. 107)*. Si vous voulez poursuivre la visite à Afurada, puis vers les plages, deux bus longent la côte : le n° 17 au départ du pont Luís I et le n° 27 à partir de l'office du tourisme de Vila Nova de Gaia *(p. 101)*.

▶**Conseil :** Louez un vélo. Après la visite d'un chai avec dégustation du fameux porto, allez savourer un poisson grillé dans le village d'Afurada et découvrez l'histoire des lieux au centre du Patrimoine, longez la rive du Douro et l'Océan. Si vous voulez rejoindre Porto par un autre chemin, empruntez le bac *Flor de Gás* pour la traversée fluviale *(vélo accepté)*. Comptez une journée pour l'ensemble.
« Nos adresses » p. 76, 81, 86 et 89.

Descriptif du Ponte Luís I p. 23.

ANTIGO CONVENTO DE NOSSA SENHORA DA SERRA DO PILAR

F7-8 *Du Ponte Luis I, longez le bas du couvent par l'avenue da República jusqu'à la rue Rodrigues de Freitas puis suivez la rampe d'accès. Ouverture du couvent : avr.-oct. : 9h30-18h30 ; nov.-mars : 10h-17h30.* Ce couvent des 16ᵉ et 17ᵉ s., au plan en rotonde (attribué à Philippe Terzi), domine la ville. Son esplanade constitue le meilleur **belvédère★★** pour admirer l'ensemble du site de Porto, accroché sur la rive nord escarpée et protégée symboliquement par les vestiges de l'enceinte du 14ᵉ s. : les photographes ne s'y trompent d'ailleurs pas ! De là, on distingue également les toits de tuiles orangées des caves de Gaia.

AS CAVES★

(Les chais de Porto)

E8 *Pour connaître l'histoire du porto, « Pour en savoir plus/Vin et porto » p. 125.*
Les **chais** *(as caves)*, qui arborent le nom de leur marque de fabrique au-dessus de leurs longs toits rouges, occupent le quartier bas de la commune de Vila Nova de Gaia et couvrent plusieurs hectares. C'est

là, par une lente élaboration, que le raisin récolté sur les versants du Haut-Douro est transformé en porto. Une soixantaine de maisons de porto sont représentées.
Autrefois, c'était en bateau, sur les *barcos rabelos,* que les vins du Haut-Douro parcouraient quelque 150 km avant de parvenir jusqu'aux chais. Aujourd'hui, ce sont des camions-citernes qui viennent déverser leur précieuse cargaison dans des cuves en inox. Les grandes marques ont cependant conservé face à leurs chais quelques *barcos rabelos* *(p. 118)* chargés de tonneaux.
Visite des chais – *Les visites guidées ont lieu en général tous les jours de 10h à 18h (dernière entrée vers 17h/17h30), durent env. 50mn (visite avec explication, puis dégustation de plusieurs sortes de porto) et coûtent en général 6 €. Les visites sont proposées dans plusieurs langues, mais il est préférable de réserver si vous souhaitez un accompagnateur qui parle français. Une quinzaine de caves se visitent, dont celles de* **Taylor**, **Cálem**, **Ramos Pinto**, **Sandeman** et **Ferreira** *(voir « Vin et porto » p. 108).*

Expérience unique et très instructive, la visite permet de suivre les étapes de l'élaboration du porto. Le vin est stocké plusieurs années dans d'immenses cuves contenant jusqu'à 1000 hl, puis soutiré dans des tonneaux *(pipas)* de 535 l. La porosité du bois des tonneaux accentue le vieillissement du breuvage. Seuls les vins authentiques, contrôlés par l'**Instituto do Vinho do Porto e Douro**, peuvent pénétrer dans ces chais. Certains y reposent depuis plus d'un siècle. Sous les voûtes, on verra les énormes et impressionnantes barriques de châtaignier, ainsi que les cuves en métal et la chaîne moderne d'embouteillage. Les fûts et tonneaux sont de si bonne qualité que certains, après plusieurs décennies consacrées au porto, font une seconde vie en Écosse afin de vieillir les whiskies! Au cours de la visite, on apprend à distinguer un *ruby* d'un *tawny* et à connaître les années *vintage*, la dernière étant 2016 *(encadré ci-dessous)*. Une visite du Museu do Douro à Peso da Régua *(p. 64)* permettra de percer tous les arcanes du vin de Porto.
www.cavesvinhodoporto.com.

Déguster et acheter du porto

Les portos les moins chers sont les blancs, les rouges ***ruby*** *ou les jeunes* ***tawnies****. Ce sont des vins de coupage (blended en anglais), produits avec des mélanges de vins de différentes productions et de différentes années. Il faut les consommer rapidement pour en apprécier toute la subtilité. Les meilleurs portos, et les plus chers, sont les* ***vintage*** *(« Le porto » p. 126). Certains millésies sont considérés comme exceptionnels, à l'instar du 2011, encore relativement abordable, et du 1966. À défaut de pouvoir s'offrir un vintage, une Réserve ou une Réserve spéciale (12/14 €), voire un LBV (15/20 €), peuvent procurer un bonheur rare, avec des fruits rouges et du chocolat noir. En effet, contrairement aux Français qui le consomment à l'apéritif, les Portugais boivent du bon porto surtout avec le dessert.*

Vila Nova de Gaia, le monastère de Serra do Pilar.

ABERTO

CASA MUSEU TEIXEIRA LOPES★

E8 en direction *R. Teixeira Lopes 32 - Ⓜ Câmara de Gaia (ligne D), puis env. 5mn à pied (r. Conselheiro Veloso da Cruz et à gauche r. Teixeira Lopes) - ☎ 223 751 224 - mar.-sam. 9h-12h30 (sam. 9h-12h), 14h-17h, dim. et j. fériés 10h-12h, 14h-17h - gratuit.*

Un peu excentrée sur les hauteurs de Vila Nova de Gaia, la maison-atelier du sculpteur **António Teixeira Lopes** (1866-1942) vaut vraiment le détour. Elle rassemble, dans une multitude de pièces, la plupart des œuvres originales de l'artiste qui poursuivit sa formation artistique à Paris et qui fut reconnu comme le sculpeur majeur de son époque, ainsi qu'une collection d'art riche et variée. António Teixeira

Lopes reçut en effet dans sa demeure peintres, comédiens, compositeurs et écrivains et collectionna de nombreuses sculptures et peintures d'artistes célèbres, notamment des naturalistes portugais. On trouve aussi des céramiques d'art des 18ᵉ et 19ᵉ s., des éventails et des meubles de style Empire. Parmi les œuvres du sculpteur, on remarque en particulier *La Veuve* (*Viúva*, 1890), *Caim* (1889), *Bacchus* (1916) ou encore, dans le jardin, d'émouvants portraits d'enfants esquissés dans le marbre blanc. Une partie du musée est consacré à un autre sculpteur de Gaia, **Diogo de Macedo** (1889-1959) : sculptures, peintures, dessins modernistes et un bel ensemble de statuettes d'art africain collectionnées par l'artiste. La maison abrite aussi un espace dédié aux expositions temporaires d'œuvres d'art.

QUINTA DA BOEIRA, PORTUGAL IN A BOTTLE

E8 en direction *R. Teixeira Lopes 114 - Ⓜ Câmara de Gaia (ligne D), puis env. 10mn à pied (r. Conselheiro Veloso da Cruz et à gauche r. Teixeira Lopes) - ☎ 223 751 338 - www.quintadaboeira.pt - lun.-sam. 10h-18h (tlj en juin-août) - 2 € (jardin seul), 15 € (jardins + film + 5 dégustations) - boutique et restaurant (12h-15h, 19h30-22h30 - fermé dim.-lun.).*

Cette *quinta* installée en amont de la casa museu Teixeira Lopes ne propose pas de visite de cave mais des dégustations de portos et de vins du Douro ainsi que de différentes régions du Portugal. Vous apprécierez une balade dans le splendide parc de 3 ha entourant un **manoir** du 19ᵉ s. et aurez la surprise de découvrir une bouteille géante (32 m de long et 10 m de haut) dans laquelle on peut visionner un film sur la viticulture et faire des dégustations de vin !

AFURADA★

B2 agglo *Le bac* **Flor do Gás** *assure la traversée d'Afurada vers l'autre rive (ttes les 30mn env.) - 1,50 €/pers., vélo 1 € - départ du ponton, rua da Praia 21, au niveau du restaurant A Margem. Arrivée rua do Ruo, à l'angle avec caçada do Ouro.*

En allant vers Afurada, on passe sous le **ponte da Arrábida** (pont routier emprunté par l'IC 1) qui a été lancé en 1963 selon une technique particulièrement audacieuse. Il franchit le Douro en une seule arche de béton armé de près de 270 m et

constitue un intéressant belvédère sur la ville et le fleuve. Environ 200 mètres après le pont, on atteint **Afurada**. Avec ses ruelles bordées de maisons colorées et son animation, ce village de pêcheurs, installé au point de rencontre du Douro et de l'Atlantique, a conservé son authenticité. San Pedro (saint Pierre), patron de la ville, y est fêté le 29 juin.
Centro interpretativo do Património da Afurada (CIPA) – *Rua António dos Santos, 10 - São Pedro da Afurada - ✆ 227 812 724 - mar.-dim. 10h-12h30, 13h30-18h - www.parquebiologico.pt.* Le bâtiment rouge, construit sur le modèle d'anciens entrepôts, accueille un centre de documentation. L'intéressante exposition permanente met en avant l'interdépendance entre l'activité humaine et l'environnement dans la zone d'Afurada. À travers des photos, des témoignages, des objets transmis par les habitants, on découvre l'histoire d'Afurada, intimement liée à la pêche, les particularités de l'écosystème de l'estuaire du Douro, la vie quotidienne des pêcheurs et le rôle des femmes.

RESERVA NATURAL LOCAL DO ESTUÁRIO DO DOURO★

B2 agglo *www.parquebiologico.pt. Un large trottoir comprenant une zone cyclable longe la rive du fleuve jusqu'à l'embouchure.* Juste après la **marina du Douro** s'étend, sur environ 62 ha, la **réserve naturelle** de l'estuaire du Douro, gérée par le parc biologique de Gaia, qui propose un parcours découverte du site *(✆ 227 878 138 - lun.-vend. 10h-19h, jusqu'à 17h en nov.-mars - fermeture de la billetterie 1h avant - 3 €).* Dotée de marais salants et de dunes, l'embouchure de la rivière présente des conditions favorables pour de nombreux animaux, en particulier pour l'abri et la nidification des oiseaux. Elle sert aussi d'étape pour les oiseaux migrateurs. Près de l'étang se trouvent un **local d'interprétation** et deux **postes d'observation** qui permettent d'admirer aigrettes, diverses mouettes, bécasses, cormorans, hérons, et autres oiseaux dans leur habitat naturel préservé.

LES PLAGES

AB1-2 agglo *La piste cyclable se poursuit le long de l'océan et des plages sur une quinzaine de kilomètres.* Vous pourrez vous rendre, au sud du Douro, à la **plage de Lavadores**, ou, un peu plus loin, à la **plage de Madalena** (Pavillon Bleu), immenses étendues de sable fin entrecoupées de quelques zones rocheuses.
En continuant vers le sud, on trouve les plages de **Valadares**, **Miramar** et **Granja**, et enfin, la station balnéaire d'**Espinho** *(22 km au sud de Porto).*

Guimarães★★ et environs

Première capitale du Portugal et berceau de la nation au 12e s., Guimarães est une des villes les plus jeunes d'Europe par sa population. Son centre historique, sans la moindre fausse note, a été classé au Patrimoine mondial de l'Unesco en 2001. Dominée par un fier château, la ville est aussi un centre économique dynamique, notamment dans le domaine du textile. Depuis 2012, année qui la consacra Capitale européenne de la culture, elle reste l'un des foyers artistiques parmi les plus actifs du pays. Non loin de là, la verdoyante petite cité d'Amarante, qui se mire dans les eaux tranquilles du Tâmega, contraste par son charme paisible.

▶**Accès :** Au cœur de la vallée de l'Ave, Guimarães est situé à 54 km au nord-est de Porto (40mn en voiture) et à 22 km au sud-est de Braga. En train, liaisons fréquentes avec Porto (gare São Bento, 1h 10 de trajet); la gare se trouve à 400 m au sud du largo do Toural, comptez 10mn pour rejoindre le centre à pied.
▶**Conseil :** Explorez la cité à pied, goûtez les tourtes de Guimarães, en fin de journée prenez le téléphérique pour le mont Penha d'où l'on peut admirer le coucher de soleil éclairant les toits rouges du bourg médiéval. Un billet jumelé *(8 €)* permet de voir les principales curiosités (Museu Alberto Sampaio, Paço dos Duques et castelo) à moindre coût.
« Nos adresses » p. 77, 81 et 93.

GUIMARÃES★★

Guimarães s'enorgueillit d'avoir vu naître le pays et son premier roi, Alphonse Henriques (*encadré page ci-contre*).
Coordonnées de l'office du tourisme de Guimarães p. 101.

Centre historique★★

Comptez 3h avec la visite du musée Alberto Sampaio.
Le centre ancien, bordé au sud par une large et verdoyante promenade et entièrement piétonnier, se prête à la flânerie. Avec ses pavages lissés par le temps, ses élégants balcons en fer forgé et son dédale de rues reliant des places bordées de maisons anciennes en granit, il compose un ensemble harmonieux, très bien conservé.
Largo da Oliveira – La place qui abrite la collégiale Nossa Senhora da Oliveira forme un bel ensemble médiéval avec ses maisons aux balcons fleuris, sa résidence seigneuriale du 14e s., occupée aujourd'hui par un hôtel haut de gamme, et sa galerie d'arcades ogivales du 14e s. Au-dessus des arcades se tient l'ancien hôtel de ville ou **Antigos Paços do Concelho**, un édifice manuélin du 16e s.
Convento da Nossa Senhora da Oliveira – *Largo da Oliveira - lun.-sam.*

Le berceau du Portugal

*Au 10ᵉ s., la comtesse Mumadona Dias, originaire de León, fit édifier un monastère (à l'emplacement de l'actuel couvent de Nossa Senhora da Oliveira), ainsi qu'une tour sur la colline pour le défendre des Maures. En 1095, Alphonse VI, souverain de Castille, lègue le comté de Portucale à son gendre Henri de Bourgogne. Ce dernier fait de Guimarães la capitale du comté et aménage la tour en château pour s'y installer avec sa femme, la princesse Thérèse. En 1109 naît leur fils **Alphonse Henriques** qui succède à son père quelques années seulement après sa naissance. En 1128, lors de la bataille de São Mamede, le prince écarte du pouvoir sa mère, qui assurait la régence, et engage la lutte contre les Maures. Vainqueur à la bataille d'Ourique (1139), il est proclamé roi par ses troupes. Mais ce n'est qu'en 1143 qu'il obtient définitivement son titre, grâce au traité de Zamora signé par son cousin Alphonse VII, roi de Castille. Près du largo de Toural, la célèbre phrase apposée sur une tour de l'ancienne muraille rappelle ces événements : « Aqui Nasceu o Portugal » (Ici est né le Portugal).*

8h30-12h, 15h30-19h30, dim. 9h-13h, 17h-20h - gratuit. Le **couvent de N.-D. de l'Olivier** a été fondé au 10ᵉ s. par la comtesse Mumadona. Plusieurs constructions se sont ensuite succédé sur le site; il ne subsiste aujourd'hui que la collégiale gothique qui a conservé un cloître et une salle capitulaire d'époque romane *(occupés par le musée Alberto Sampaio)*.

Le portail principal de la **Colegiada** (collégiale) est surmonté d'un fronton gothique du 14ᵉ s. À l'intérieur, remarquez l'autel en argent de la chapelle du Saint-Sacrement *(à droite du chœur)*. Devant la collégiale, un **édicule** gothique contient un *padrão* qui commémore la victoire des Portugais et des Espagnols sur les Maures à la bataille du Salado, en 1340. La légende raconte que, lors de l'achèvement de ce porche, en 1342, le tronc d'olivier qui se trouvait devant l'église se couvrit de feuilles : de cet épisode proviendrait le nom de l'église.

Le **museu Alberto Sampaio★** *(entrée r. Alfredo Guimarães - ✆ 253 423 910 - mar.-dim. 10h-18h - 3 €)* est installé dans les bâtiments conventuels. Le cloître roman du 13ᵉ s. possède d'intéressants chapiteaux, essentiellement à motifs végétaux. Dans une chapelle gothique à gauche de l'entrée, observez deux beaux gisants du 15ᵉ s. À droite de l'entrée, une porte donne accès à un ensemble de trois pièces renfermant des retables et des sculptures en bois dorés des 17ᵉ et 18ᵉ s. Plus avant dans la galerie du cloître, la salle capitulaire, se signale par un arc outrepassé mozarabe orné de chapiteaux des 11ᵉ et 12ᵉ s. et encadré de deux élégantes ouvertures géminées. Elle accueille la **collection d'orfèvrerie★** *(entrée par la porte suivante)*, constituée pour l'essentiel du trésor de la collégiale et des dons de Jean Iᵉʳ. Les vitrines les plus proches de l'entrée renferment les plus belles pièces, du 12ᵉ s. (calice et

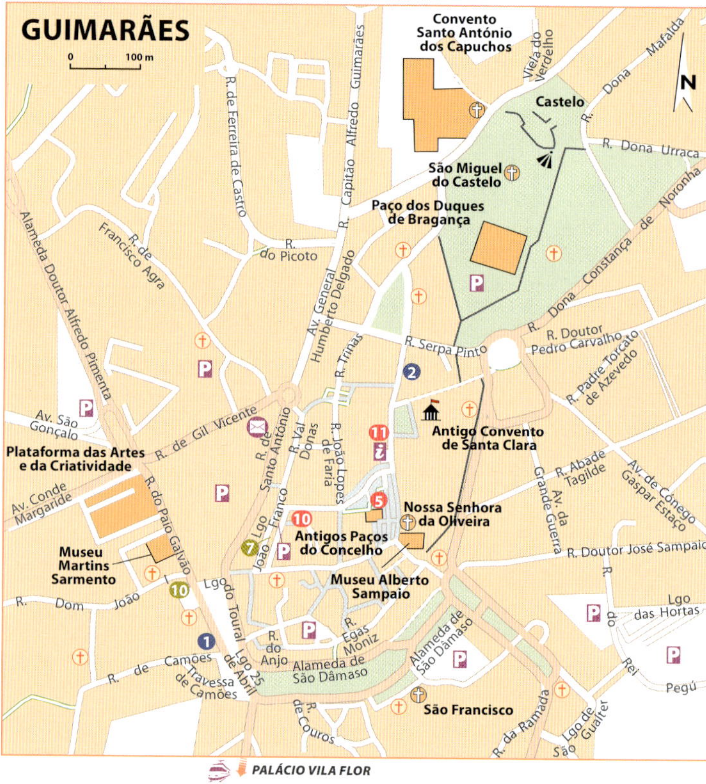

SE LOGER
- EMAJ Boutique Hotel 10
- Mestre d'Avis 7

SE RESTAURER
- A Cozinha 10
- Buxa 5
- Resves 11

PRENDRE UN VERRE
- Casa Costinhas 2
- Pastelaria Clarinha 1

croix processionnelles) et d'époques gothique (calice rehaussé d'émaux du 14e s et ensemble de coffres reliquaires du 15e s.) ou manuéline (custode et croix processionnelles). À l'étage, la première salle abrite le **triptyque★** en argent doré que Jean Ier aurait pris aux Castillans lors de la bataille d'Aljubarrota, en 1385 : il représente au centre la Nativité, à gauche l'Annonciation, la Purification et la Présentation au Temple, à droite l'Adoration des bergers et des Mages. Derrière est exposée la tunique portée par le monarque victorieux. La salle suivante présente des fragments de fresques manuélines d'une étonnante fraîcheur de coloris. À l'entrée de la dernière salle, consacrée aux 16e et 17e s., remarquez le tableau montrant la Vierge entourée de saint Benoît et de saint Jérôme, œuvre d'un peintre connu sous le nom du « Maître délirant de Guimarães » (16e s.). L'œuvre la plus intéressante reste cependant le *Saint Vincent, saint Martin et saint Sébastien*, réalisée par Frei Carlos, peintre portugais du 16e s. d'origine flamande.

Praça de São Tiago★ – Séparée du largo da Oliveira par les Antigos Paços do Concelho, cette jolie place au tracé irrégulier typiquement médiéval est bordée de maisons populaires anciennes à encorbellement surmonté du large auvent des toits. Envahie de terrasses de cafés et restaurants, elle est l'un des lieux les plus animés de la ville.

Rua de Santa Maria – La rue suit le tracé du chemin qui reliait le couvent fondé par la comtesse Mumadona au château. On y découvre des maisons des 14e et 15e s. à grilles de fer forgé et corniches de granit ouvragées.

Retournez sur la praça de São Tiago.

Largo do Toural – Ornée d'une fontaine Renaissance à trois bols, la place forme un bel ensemble urbain classique. Cœur battant de la cité, souvent très animée, elle est bordée de maisons anciennes aux toitures mansardées et aux façades rythmées d'immenses fenêtres et de belles grilles de fer forgé.

Museu Arqueológico Martins Sarmento – *R. Paio Galvão - ✆ 253 415 969 - www.csarmento.uminho.pt - mar.-sam. 9h30-12h30, 14h-17h, dim. 10h-12h, 14h-17h - 3 €.* Installé en partie dans le cloître gothique de São Domingos, il comprend de nombreuses pièces archéologiques trouvées dans les cités préromaines de Sabrosa et Briteiros, dans les environs de Braga.

Centro Internacional das Artes - José de Guimarães (CIAJG)★ – *Av. Conde Margaride, 175 - ✆ 253 424 715 - www.ciajg.pt - mar.-dim. 10h-13h, 14h-19h (dernière entrée 30mn av. fermeture)- 4 € (3 € - 30 ans). Comptez une heure. Explications en portugais et en anglais.* Aménagé derrière l'ancien marché municipal, le CIAJG fut conçu et construit pour 2012, l'année où Guimarães fut élevée au rang de capitale européenne de la culture. L'édifice, à l'élégant design contemporain, se compose d'une série de différents volumes mariant laiton doré et verre. Entièrement dédié à la création, comme l'indique

Guimarães, le centre historique.

le nom de Plataforma das Artes et da Criatividade donné au site, le centre organise des expositions temporaires, des spectacles et des ateliers. La collection permanente est constituée d'objets recueillis par **José de Guimarães** (1939), peintre et collectionneur, qui a adopté le nom de sa ville natale en tant qu'artiste. La salle des **masques africains** est particulièrement remarquable : une quarantaine de splendides œuvres très bien mises en valeur semblent s'interpeller. L'art précolombien et l'art de la Chine ancienne sont également bien représentés.

Igreja de São Francisco – *Largo de São Francisco - mar.-sam. 9h30-12h, 15h-17h30, dim. 9h30-13h.* Construite au début du 15e s., l'église a été remaniée au 17e s. Seuls le portail et le chevet ont conservé leur caractère gothique d'origine. Les chapiteaux du portail principal évoquent la légende de saint François. L'intérieur a été transformé aux 17e et 18e s. Le chœur, qui abrite un autel baroque en bois doré, est décoré d'**azulejos★** du 18e s. figurant la vie de saint Antoine. Il accueille également un **gisant★** en granit de dona Constança de Noronha, épouse de dom Afonso, premier duc de Bragance.

La **sacristie** *(accès par le bras droit du transept)* possède un plafond à caissons orné de grotesques ; une table en marbre d'Arrábida s'appuie sur une élégante colonne en marbre de Carrare.

La **salle capitulaire** donne sur un cloître Renaissance (16e s.). Remarquez en sortant, à droite de l'église, une élégante façade ornée d'azulejos.

Palácio et centro cultural Vila Flor

Av. D. Afonso Henriques, 701 (près de la gare) - ✆ 253 424 700 - www.ccvf.pt -mar.-sam. 10h-13h, 14h-19h - 1 ou 2 € (selon expositions). Le gracieux palais baroque (18e s.), situé sur les hauteurs, légèrement à l'écart du centre-ville, a reçu diverses affectations, avant de devenir un centre culturel et de se voir adjoindre un bâtiment moderne. L'ensemble accueille diverses manifestations artistiques, notamment des concerts et des expositions d'art contemporain. Une galerie de statues en granit de rois portugais scande la façade latérale et la façade nord du palais, qui donne sur un paisible jardin baroque. En terrasses que séparent des balustrades au décor de style rocaille, il s'agrémente de bassins, de parterres de buis et de grands camélias aux généreuses frondaisons.

Colline du château

Accès à pied en 15mn (ça grimpe !) depuis le centre par la rua de Santa Maria puis, en face, par le largo de Martins Sarmento – Comptez 2h30, visites incluses.

Paço dos Duques de Bragança★ (Palais des ducs de Bragance) – *✆ 253 412 273 - pdmas.guimaraes.pt/paco - 10h-18h (dernière entrée 30mn av. fermeture) - 5 € (♿ schéma p. 54).* Tout à côté de l'église, ce palais fut construit au début du 15e s. par le premier duc de Bragance, Alphonse Henriques, fils naturel du roi Jean Ier. Son architecture montre une forte influence bourguignonne, surtout dans les toitures et l'aspect insolite des 39 hautes cheminées de brique. Il fut l'une des plus somptueuses demeures de la péninsule Ibérique mais, à partir du 16e s., la Cour s'étant déplacée à Vila Viçosa, il ne fut plus occupé que par intermittence. Il reste aujourd'hui résidence officielle de la présidence de la République du Portugal, mais n'est quasiment pas utilisé. Quatre corps de bâtiment le composent, flanqués de tours d'angle massives, ordonnés autour d'une cour et couronnés de créneaux à mâchicoulis. En 1933, le palais a fait l'objet d'une importante restauration qui lui a rendu son aspect d'origine. Devant sa façade s'élève la statue en bronze d'Alphonse Henriques réalisée par Soares dos Reis (fin 19e s.).

Intérieur – Les salles immenses étaient chauffées par de vastes cheminées. Au premier étage, admirez les **plafonds★** de chêne et de châtaignier des salles des Banquets et des Fêtes, ainsi que les **tapisseries★** des 16e et 18e s. (d'Aubusson, des Flandres et des Gobelins). Les tapisseries de Tournai, représentant la prise d'Asilah et de Tanger, sont les copies de celles exécutées d'après les cartons de Nuno Gonçalves (les originaux font partie du trésor de l'église de Pastrana en Espagne). Des tapis persans, des meubles portugais (17e s.), des porcelaines de Chine, des armes et armures, des tableaux hollandais et italiens complètent cette décoration.

GUIMARÃES – Palais des ducs de Bragance (15e s.)

Élevé par le premier duc de Bragance, le château, d'inspiration à la fois normande et bourguignonne, a retrouvé après restauration son aspect d'origine. S'il garde un caractère défensif par ses massives tours d'angle, ses créneaux et ses mâchicoulis, il préfigure les bâtiments de la Renaissance par ses toitures pentues hérissées de cheminées et ses larges baies.

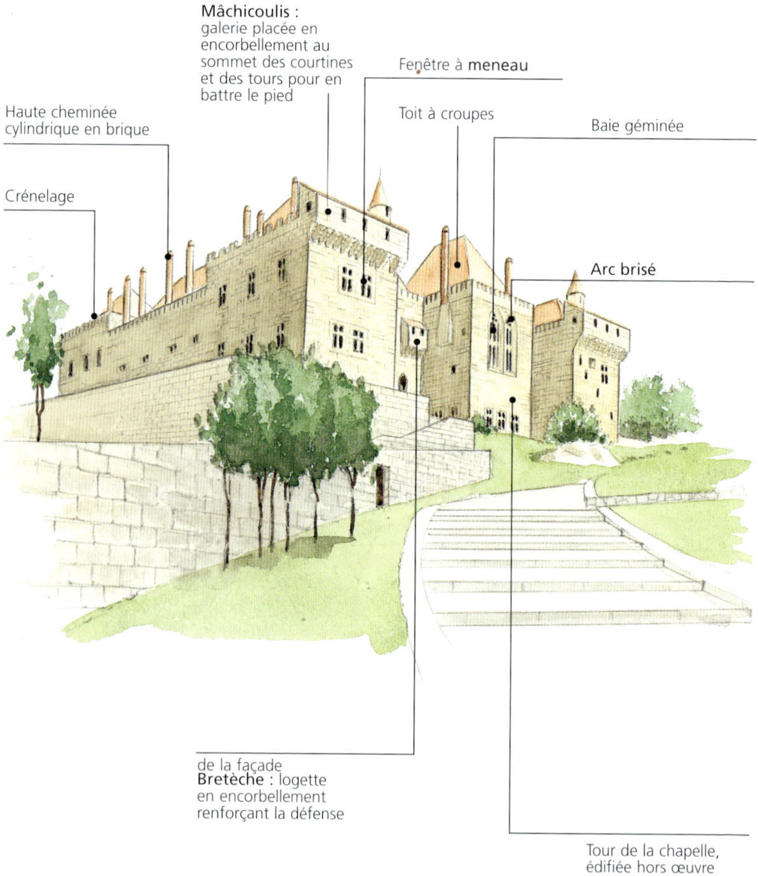

H. Choimet/Michelin

Igreja de São Miguel do Castelo – *Entre le palais des Ducs de Bragance et le château - mar.-dim. 10h-18h (dernière entrée 30mn av. fermeture) - gratuit.* Cette petite église romane (12e s.) abrite des dalles funéraires et les fonts baptismaux sur lesquels aurait été baptisé Alphonse Henriques.

Castelo★ – *✆ 253 412 273 - 10h-18h (dernière entrée 30mn av. fermeture) - 2 €; donjon 1 €.* Le **donjon (Torre de Menagem)** du château, haut de 28 m, fut construit au 10e s. par la comtesse Nuña Mumadona pour protéger le monastère et la bourgade qui l'entourait. C'est au sud de ce bourg d'origine que se développeront les quartiers médiévaux puis modernes. Le château fut ensuite érigé par Henri de Bourgogne et renforcé au 15e s. Sept tours carrées, bâties sur des affleurements rocheux, encerclent le donjon. Du haut des remparts crénelés, on bénéficie d'une belle **vue** sur Guimarães, délimité au sud par le mont Penha.

Convento Santo António dos Capuchos – *Rua Dr Joaquim de Meira - ✆ 253 541 244 - mar.-sam. 10h-17h - 2 € (visite guidée).* Soucieuse de son patrimoine, la Santa Casa da Misericórdia a entrepris la rénovation de cette bâtisse du 17e s. et y a ouvert un petit musée. De l'ancien **couvent Saint Antoine des Capucins**, transformé en hôpital en 1842, on visite les cours, le cloître et surtout la sacristie du 18e s., parée de boiseries dorées, de tableaux et d'azulejos.

Mont Penha

En téléphérique – *Largo das Hortas (au sud-est de la ville) - accès depuis le centre par la r. Dr José Sampaio (10mn à pied) - ✆ 253 515 085 - www.turipenha.pt - août : 10h-20h; juin-juil. et sept. : lun.-vend. 10h-19h (20h w.-end et j. fériés); avr.-mai, oct. : 10h-18h30; nov.-mars : vend.-dim. et j. férié 10h-17h30 - fermé pour entretien le dernier lun. du mois - 5 € AR (enf. 2,50 € AR).*
Vous pouvez rejoindre Penha par les airs, un trajet plaisant et rapide (10mn). Les cabines passent au-dessus d'une forêt de pins, d'eucalyptus et de mimosas, puis, à mesure que l'on s'élève, la végétation fait place à d'énormes blocs de granit polis par l'érosion. La terrasse offre une vue★ étendue sur la ville et la campagne environnante.

En voiture – Circuit de 17 km. Quittez Guimarães par la N 101, dir. Felgueiras, au sud-est. Après Mesão Frio, prenez à droite vers Penha. La route s'élève aussitôt en serpentant parmi les pins et les eucalyptus de la serra de Santa Catarina jusqu'au sommet, le mont Penha (617 m), couronné par la basilique Nossa Senhora da Penha. Traversez l'esplanade de la basilique Nossa Senhora da Penha, poursuivez jusqu'à la statue de sainte Catherine. De là, le **panorama★** s'étend sur la serra do Marão au sud, sur Guimarães et la serra do Gerês au nord.
Pour revenir à Guimarães, prenez, après l'esplanade, une route étroite qui descend en lacet parmi les rochers et les arbres.

AMARANTE★

36 km au sud-est de Guimarães et 60 km à l'est de Porto – Comptez 1h30. ***Carte rabat de couverture B1.***

Loja interativa – *Largo Conselheiro António Cândido (place du marché) - ✆ 255 420 246 - www.cm-amarante.pt - juin-sept. : 9h-19h ; oct.-mai 9h-18h.*
Loja de Turismo da Dolmen – *Av. General Silveira (près du pont et de l'hôtel Casa da Calçada) - ✆ 255 100 025 - www.dolmen.pt - lun.-vend. 9h-12h30, 14h-17h30.* Vente de *vinho verde* et de produits locaux.
Étagée sur les rives boisées du Tâmega, Amarante dégage une irrésistible impression de douceur. L'animation se concentre sur la belle praça da República, signalée par le dôme du monastère de São Gonçalo. Outre son pont et ses églises, la cité compte de vieilles demeures aux balcons de bois et aux grilles de fer forgé. Elle est réputée pour ses délicieuses pâtisseries aux œufs, jadis confectionnées par les religieuses.

Ponte São Gonçalo

Construit à la fin du 18e s. sur le Tâmega, il est en granit. Gravée sur l'un des quatre obélisques gardant l'entrée du pont *(sur la rive droite)*, une plaque rappelle les combats qui opposèrent, du 18 avril au 2 mai 1809, le général Silveira, futur comte d'Amarante, aux troupes napoléoniennes commandées par le général Loison.

Igreja do mosteiro São Gonçalo

L'église du monastère, érigée en 1540, présente un portail latéral à trois étages de colonnettes de style Renaissance italienne, que couronne un fronton baroque ; la statue de saint Gonzalve se dresse dans la niche centrale du premier étage. À gauche du portail, remarquez, adossées aux piliers d'une loggia, les statues des quatre rois pendant le règne desquels le monastère fut construit. Un dôme, au lanternon revêtu d'azulejos, domine la croisée du transept. L'intérieur, modifié au 18e s., possède un beau mobilier baroque en bois doré : retable du chœur, deux chaires se faisant face et, surtout, le **buffet d'orgue★** (début 17e s.) que supportent trois tritons. Dans la chapelle à gauche du chœur, le tombeau à gisant polychrome de saint Gonzalve est l'objet d'un culte bien particulier *(voir encadré ci-dessus)*. La chapelle de droite, dite « des Miracles », contient quelques

En quête de l'âme sœur

***São Gonçalo** (1187-1259), ou saint Gonzalve, a laissé son empreinte sur la ville d'Amarante. Au début du 13e s., ce prédicateur y construit une chapelle. Un pont est ensuite bâti sur le Tâmega. Un des chemins vers Saint-Jacques-de-Compostelle passe près de la ville, et les pèlerins font désormais le détour pour venir écouter le prédicateur en renommée de sainteté. Saint Gonçalo, patron des vieilles filles, a la réputation de favoriser les mariages et la fécondité ; embrasser ou toucher le gisant (dans la chapelle du monastère) permettrait de trouver l'âme soeur. Très populaire et colorée, sa fête se déroule le premier week-end de juin. À cette date, garçons et filles s'échangent avec malice le bolo de Gonçalo, un gâteau de forme phallique, qui se réfère à la même tradition.*

ex-voto. Au fond du bras gauche du transept, une porte donne accès au cloître Renaissance, sobre, mais dont les galeries voûtées encadrent une fontaine à masques.

Câmara Municipal

À droite de l'église, place du Marché. L'**hôtel de ville** occupe les anciens bâtiments conventuels. Au premier étage, un petit **musée municipal Amedeo de Souza-Cardoso** (*✆ 255 420 272 - www.amadeosouza -cardoso.pt - juin-sept. : mar.-dim. 10h-12h30, 14h-18h ; oct.-mai : mar.-dim. 9h30-12h30, 14h-17h30 - 1 €*) présente des vestiges archéologiques, ainsi que des sculptures et peintures modernes : toiles d'**Amadeo de Souza-Cardoso** (1887-1918), peintre né près d'Amarante, ami de Modigliani et des Delaunay, qui découvrit le cubisme à Paris.

Igreja São Pedro

Dans la ville haute.
Cette construction du 18e s. arbore une façade baroque ornée des statues des saints Pierre et Paul. La nef unique, sous voûte de stuc en berceau, est décorée de bandeaux d'azulejos bleu et jaune du 17e s. ; le chœur, sous voûte de pierre à caissons sculptés, abrite un autel de bois doré. La sacristie est couverte d'un **plafond★** à caissons, en bois de châtaignier élégamment sculpté.

F. Guiziou/hemis.fr

Amarante, terrasse en bordure du Tâmega.

La vallée du Douro★★

Au milieu des vignobles, des champs d'oliviers et des vergers, les paysages sont ponctués de « quintas » (les maisons de domaines vinicoles), de « solares » (manoirs), de couvents et de petites églises romanes, gothiques ou baroques. C'est un véritable bonheur que de les parcourir en voiture, de serpenter en train le long des rives ou de respirer les parfums fluviaux lors d'une croisière. Au début de l'automne, lorsque les vendanges s'annoncent, la région s'anime et célèbre ses traditi-ons. Pour une route des Vins pas comme les autres...

▶**Accès : En voiture** depuis Porto, prenez l'A 4 dir. Amarante, puis la sortie nº 10. Suivez ensuite la N 106-3, puis la N 106, dir. Entre-os-Rios. Un peu avant cette ville, tournez à droite dans la N 108, dir. Porto, puis rapidement à gauche dans la N 224, qui franchit le Douro. Rejoignez alors le barrage de Carrapatelo par la N 222 en longeant la rive gauche du Douro. **En train** : liaisons Porto-Peso da Régua (*p. 64*), *puis un train Peso da Régua-Pinhão* (*p. 65*).
Carte rabat de couverture AB1.
▶**Conseil :** Parcourez la vallée pendant la saison des vendanges, quand la vallée s'embrase de mille couleurs. Comptez au moins deux bonnes journées, pour relier Peso da Régua à Pinhão en petit train et faire la croisière sur le Douro entre Pinhão et Tua.
« Nos adresses » p. 78, 81, 86 et 94.

« Le Douro, un fleuve au long cours » p. 118.
www.portoenorte.pt ou www.dourohistorico.pt.

LE BAS-DOURO : DU BARRAGE DE CARRAPATELO À LAMEGO★

Carte rabat de couverture A1-B1
60 km (sans les environs de Lamego). Comptez env. 3h.

Le Douro, une vallée sculptée par l'homme

Prenant sa source en Espagne à 2 060 m d'altitude, le Douro est un fleuve impétueux au cours irrégulier. Il dévale depuis la Meseta espagnole pour venir se jeter dans l'Atlantique à hauteur de Porto. Au passage, il découpe dans le Nord montagneux du Portugal une vallée aux versants abrupts et granitiques. Trois siècles de labeur et de passion pour la terre ont transformé ces sols arides en terrasses fertiles plantées de vignes qui produisent, entre autres délicieux breuvages, le célèbre vin de Porto et le « vinho verde » : un paysage unique, classé au Patrimoine mondial par l'Unesco (Alto Douro Vinhateiro).

Vallée du Douro.

La basse vallée du fleuve, baignée par le climat océanique, n'est pas le domaine du grand porto, mais c'est ici que débute la zone du **vinho verde** (vin vert), dont le cœur de la production se trouve plus au nord du pays, dans le Minho. Le porto proprement dit s'élabore beaucoup plus en amont du fleuve, depuis Peso da Régua jusqu'à la frontière espagnole.

Le Douro, élargi par ses barrages successifs, coule encaissé entre les pentes de collines qu'il contourne en d'amples méandres. Les versants schisteux ou granitiques sont plus boisés sur la rive droite et plus cultivés sur la rive gauche, où les villages semblent suspendus au milieu des vignes, des oliveraies et des champs de maïs disposés en terrasses. L'ensemble compose un paysage original, malheureusement assez dégradé par les rappels de la civilisation industrielle et par une urbanisation débridée.

Barragem de Carrapatelo

Long de 170 m, il est doté, rive gauche, d'une usine hydroélectrique et d'une écluse à poissons ; rive droite, l'écluse navigable longue de 90 m présente une dénivellation de 43 m.

Priorado de Santa Maria de Cárquere

21 km à l'est du barrage de Carrapatelo.

Le **prieuré** est précédé d'un petit édicule abritant un calvaire représentant d'un côté une Crucifixion, de l'autre une Déploration. Une arche monumentale relie la chapelle funéraire des seigneurs de Resende à l''église. Celle-ci, retouchée aux 13e, 14e, 16e et 17e s. (tour carrée à créneaux et chœur gothiques, façade et nef manuélines), a conservé un portail roman orné de colonnettes et de chapiteaux à entrelacs ; le chœur, sous croisée d'ogives, présente *(à gauche)* une porte à fronton aigu et à double cordon de billettes. La chapelle, percée d'une remarquable fenêtre romane aux chapiteaux sculptés de pélicans, abrite quatre sarcophages de pierre sculptés d'animaux (chèvres) et d'inscriptions.

Au-dessus du prieuré, le **parque do Carvalhal** est aménagé pour le pique-nique.

De Cárquere à Barrô

Après avoir retrouvé à **Resende** la route qui longe la rive gauche du Douro (N222), on atteint bientôt l'intersection avec la M552 (à gauche), qui dégringole jusqu'aux rives du fleuve. **Puerto del Rey**, au terme de la descente, appelle à une pause avec sa petite plage et son aire de pique-nique sur lesquels veille, à demi caché par la végétation dans les hauteurs, un manoir baroque.

En poursuivant cette route sur env. 3 km, un portail en granit à gauche dans un virage signale l'entrée du chemin forestier conduisant au **solar de Soanga** (19e s.). Le **manoir** est établi dans un site superbe, en balcon sur le fleuve. au milieu d'une très belle campagne.

Barrô

16 km au nord-est de Cárquere.

Le village offre une jolie vue sur les versants de la vallée. L'église romane du 12e s. *(en contrebas de la route, à gauche)* possède un tympan sculpté et une élégante rosace.

De Barrô à Lamego★

La route dispense une **vue** dominante sur le Douro et le versant nord de sa vallée, zébré de vignes sur échalas et d'oliviers en terrasses ; c'est ici que débute la culture du vin de Porto. Villages et propriétés *(quintas)* sont dispersés sur l'amphithéâtre des collines. Avant d'entrer dans la localité de **Pousada**, arrêtez-vous au **belvédère** *(miradouro)* **da Boa Vista★** : en face, dans une courbe du fleuve, s'entassent les maisons blanches de Régua ; les sommets, plus arides et grisâtres, de la serra do Marão se découpent à l'horizon.

Lamego★

22 km au sud-est de Barrô et 38 km au sud de Vila Real – comptez 2h de visite.

Loja interativa de turismo – *Rua Regimento de Infantaria, 9 (à gauche du musée) - ✆ 254 099 000 - www.cm-lamego.pt - été : 10h-19h ; hiver : 10h-12h30, 14h-18h.*

À proximité de la vallée du Douro, dans un paysage de collines verdoyantes couvertes de vigne et de champs de maïs, Lamego est une jolie petite cité épiscopale et commerçante connue pour son vin mousseux et son jambon fumé. Riche en maisons bourgeoises des 16e et 18e s., elle est dominée d'un côté par les vestiges d'un château fort du 12e s., de l'autre par le sanctuaire baroque de Nossa Senhora dos Remédios, réputé pour son pèlerinage annuel de septembre.

Santuário de Nossa Senhora dos Remédios★ – *Accès à pied par l'escalier monumental ou en voiture (4 km).* Du pied de l'escalier de 617 marches qui conduit au sanctuaire se dessine une jolie perspective sur cet ensemble baroque. La façade de l'église (18e s.), dont le crépi blanc fait ressortir les élégantes courbes de granit, domine l'**escalier** à double volée, interrompu par des paliers et orné d'azulejos : il est hérissé d'une multitude de pinacles et rappelle celui de Bom Jesus de Braga. Du parvis de l'église, la vue s'étend sur Lamego, dominé à l'horizon par les hauteurs qui bordent la vallée du Douro.

Sé – De la cathédrale romane primitive (12e s.) ne subsiste que le clocher carré dont le couronnement date du 16e s. L'intérieur a été refait au 18e s. Le musée diocésain situé en face programme des expositions temporaires. Une porte située à gauche de la cathédrale donne accès au cloître Renaissance.

Museu★ – *Largo de Camões - ✆ 254 600 230 - www.museudelamego.gov.pt - 10h-18h - 3 €.* Il est installé dans l'ancien palais épiscopal, noble édifice du 18e s. situé à l'arrière de la cathédrale. Ses collections sont d'une étonnante richesse pour une ville somme toute modeste : à ne pas manquer ! La partie droite du rez-de-chaussée présente la section lapidaire : sculptures religieuses, du Moyen Âge à l'époque baroque, et une belle collection de blasons qui ornaient autrefois les façades des maisons nobles. Au premier étage, ne pas manquer les **cinq peintures sur bois★**

(début 16e s.) de Vasco Fernandes, dit Grão Vasco, qui faisaient partie d'un polyptyque ornant le retable de la cathédrale de Lamego. De gauche à droite, on reconnaît la Création, l'Annonciation, la Visitation (scène la plus remarquable), la Présentation au Temple et la Circoncision. Plus loin, **six tapisseries de Bruxelles** (16e s.) représentent des scènes puisées dans la mythologie (notez la richesse de composition de l'histoire d'Œdipe et du Temple de Latone). À cet étage, on trouve aussi deux chapelles baroques en bois sculpté et doré, dont celle de Saint-Jean-l'Évangéliste provenant du couvent des Chagas avec niches et statues, un salon chinois, des pièces d'orfèvrerie et des céramiques. Dans la partie gauche du rez-de-chaussée, on peut découvrir une autre chapelle baroque et de beaux azulejos du 16e au 18e s. (dont ceux, polychromes, du palais Valmor à Lisbonne).

Capela do Desterro – *R. Cardoso Avelino (accès par la r. Macário de Castro à gauche en sortant du musée).* Bâtie en 1640, la **chapelle de l'Exil** est décorée, à l'intérieur, de bois sculpté et doré (18e s.) et d'azulejos (17e s.) ; remarquable **plafond★** à caissons peints illustrant des scènes de la vie du Christ.

Capela São Pedro de Balsemão – *3 km à l'est de Lamego - mar.-dim. 10h-13h, 14h-18h (vérifier au préalable auprès de l'office du tourisme) - fermé 1er janv., dim. de Pâques, 1er Mai et 25 déc. - gratuit.* Une façade du 17e s. masque le sanctuaire que l'on pense être le plus ancien du Portugal : la chapelle serait d'origine wisigothique et remonterait au 7e s. Le petit vaisseau trapu témoigne sur ses murs – où courent des frises en « arête de poisson » – du réemploi de matériaux romains. Il est divisé en trois nefs par deux rangées d'arcades retombant sur des colonnes basses couronnées de chapiteaux corinthiens stylisés (l'un d'eux, à l'entrée du chœur à gauche, repose sur un coussinet à rouleau caractéristique de l'art préroman). Remarquez le sarcophage d'Afonso Pires, évêque de Porto mort en 1362, sculpté de bas-reliefs (Cène, Crucifixion, un couple royal) ; le gisant est soulevé par deux anges. Plafond peint et retables baroques du 17e s.

Ferreirim

8,5 km au sud de Lamego.
À l'écart de la route principale, le petit village est dominé par l'imposante silhouette du **monastère de Santo António** *(mar.-dim. 10h-18h - fermé lun., et mar.-jeu. en hiver - gratuit)*, bâti au 16e s. Sous le porche néoclassique se découvre un portail manuélin. À l'arrière de l'édifice s'élève curieusement une tour médiévale à vocation défensive. À l'intérieur, remarquez les panneaux attribués aux maîtres de Ferreirim (Cristóvão de Figueiredo, Gregório Lopes et Garcia Fernandes). Le chœur, couvert d'une voûte dont les caissons peints représentent chacun un saint différent, abrite le tombeau des comtes de Marialva (16e s.), à l'origine de la fondation du monastère franciscain.

Antigo mosteiro de São João de Tarouca

9,5 km au sud de Ferreirim et 19 km au sud de Lamego - mar.-dim. 9h30-12h, 14h-17h -3 € (musée d'Art sacré).

Nossa Senhora dos Remédios.
S. Coyne/Art Directors & Trips Photo/age fotostock

Tapi au creux de la vallée fertile du Barosa, que dominent les hauteurs de la serra de Leomil, l'**ancien monastère** de São João de Tarouca, fondé en 1140, est la première abbaye cistercienne du Portugal.
L'**église** *(visite libre)* a été érigée au 12e s. Elle a subi d'importantes modifications au 17e s. L'intérieur a reçu une décoration baroque ; les chapelles exposent plusieurs tableaux, dont un remarquable **Saint Pierre★** *(3e chapelle de droite)*, attribué à Gaspar Vaz.
Dans le croisillon gauche, les murs sont tapissés d'azulejos (18e s.) figurant des scènes de la vie de saint Jean-Baptiste et le baptême du Christ. Le tombeau monumental (14e s.) en granit, décoré de bas-reliefs représentant une chasse au sanglier, renferme la dépouille de dom Pedro, comte de Barcelos, bâtard du roi Denis, auteur de la *Chronique générale de 1344*. Dans le chœur, des azulejos illustrent la vie de saint Bernard. Les stalles baroques où sont peintes des personnalités de l'ordre cistercien, l'orgue polychrome à tuyaux en chamade, ainsi que la sacristie *(accès par le transept gauche)*, valent aussi le coup d'œil.

CIRCUIT DU VIGNOBLE DU PORTO★★

Carte rabat de couverture B1-C1
77,5 km au départ de Lamego. Comptez env. 3h.

Peso da Régua

15 km au nord de Lamego. Une douzaine de liaisons quotidiennes par train entre Porto et Peso da Régua (2h de trajet) ; env. 5 trains par jour Régua-Pinhão (20mn de trajet) - www.cp.pt.
Loja interativa de turismo – *Av. do Douro (à l'entrée ouest de la localité) - ✆ 254 318 152 - cm-pesoregua.pt - juil.-août : 10h-19h30 ; sept. 9h30-12h30, 14h-18h ; reste de l'année : 10h-12h30, 14h-18h.*
Au confluent du Corgo et du Douro, ce centre économique régional sans grand charme organise l'expédition par train des vins du Haut-Douro à destination de Porto. Il est le siège des deux puissants organismes qui réglementent la production du porto : la **Casa do Douro** et l'**Institut du vin de Porto**. Peso da Régua mise sur le développement du tourisme régional, mais les constructions récentes gâchent quelque peu le paysage, et la route des berges est bruyante et encombrée. La ville constitue le point de départ de promenades en bateau sur le fleuve, le long des célèbres vignobles et des beaux paysages de la vallée (*Visites guidées p. 109*).
Museu do Douro – *R. Marquês de Pombal - ✆ 254 310 190 - www.museudodouro.pt - 10h-18h (17h30 nov.-fév.) - 6 € (verre de porto inclus).* Il occupe l'opulente **Casa da Companhia Velha** (18e s.), en balcon sur le Douro, à laquelle s'est adjoint un édifice résolument contemporain. Très intéressant, il jouit d'une muséographie moderne et attractive. Après une salle présentant des expositions temporaires, le musée évoque l'histoire du porto et sa récolte. Les panneaux informatifs *(en anglais)* se mélangent à des

outils, des maquettes et des objets variés, comme ce costume en osier que revêtaient les vendangeurs pour se protéger des ardeurs du soleil. Le premier étage, avec son mur de bouteilles, son amusant test olfactif et ses vieilles machines à embouteiller ou à imprimer les caisses en bois, s'intéresse au vin lui-même. Un film y est projeté. Au deuxième étage, où se trouvent le restaurant et l'ancienne salle du Tribunal, sont exposés quelques gravures et tableaux. Après avoir traversé la boutique proposant un invraisemblable choix de crus du Douro, la visite s'achève sur la terrasse dominant le Douro, près d'un *barco rabelo*, en sirotant un petit verre de porto au *wine bar*.

Quartier de la gare – *Av. 5 de Outubro, à l'est de la ville.* Au départ de la gare, inaugurée en 1879 près des rives du Douro, un charmant petit **train historique** à vapeur du début du 20e s., roulant à la vitesse de 30 km/h, a été remis en circulation. La ligne du Douro longe les berges de la rivière vers l'amont jusqu'à Pinhão (25 km - 50mn env.) et Tua (38 km - 1h20) - *juil.-oct., sam.-dim. seult. - www.cp.pt (rechercher « comboio histórico do Douro ») - 42,50 €, 4-12 ans 19 €.*

Un long **entrepôt** en bois, muni de claire-voies pour l'aération et coiffé d'un toit largement débordant, s'étire près de la gare. Les barriques de porto y étaient entreposés avant d'être acheminées à Vila Nova de Gaia par voie de chemin de fer. L'impressionnante construction, restaurée, est désormais occupée par des restaurants et autres luxueux *wine bars*.

À la sortie de Peso da Régua, la route franchit le fleuve. La N222 suit la rive gauche du Douro et serpente en fond de vallée entre des versants schisteux aménagés en terrasses : la vigne revêt ici l'aspect d'une véritable monoculture.

Pinhão

27 km à l'est de Peso da Régua.

Joli bourg et important centre viticole, Pinhão est situé au confluent du rio Pinhão et du Douro. Ici partait le vin en bateau ou en train depuis la **gare** ornée de panneaux d'**azulejos**, réalisés en 1937, illustrant des paysages de la vallée et la vie quotidienne, notamment au moment des vendanges. Aujourd'hui, le vin est acheminé par camion. Près du fleuve s'alignent des cuves blanches. Établies dans les guérites présentes sur le quai, plusieurs compagnies proposent des courtes **croisières** à destination de la quinta da Romaneira (1h) ou de Tua (2h). Ces excursions (*Visites guidées p. 109*), en dehors du chemin de fer, sont le seul moyen de découvrir les splendides paysages striés de terrasses de la vallée du Douro en amont de Pinhão.

Pour ceux qui ont le temps, une excursion dans la haute vallée jusqu'à la bourgade de **São João da Pesqueira** *(retraversez le fleuve et faites 18 km de route en lacet par la N 222 à l'est)* permet de découvrir d'autres paysages de vignobles en terrasses dans la vallée du rio Torto. La place principale de São João da Pesqueira, avec sa chapelle décorée d'azulejos, sa porte de ville coiffée d'un clocher, ses arcades et ses élégantes demeures, forme un ensemble urbanistique des plus photogénique. Le petit **musée Eduardo Tavares** compte une salle présentant les œuvres de ce sculpteur du cru, une autre consacrée à l'archéologie locale et une petite bibliothèque sur la région du Douro.

Route de Pinhão à Sabrosa★★

Quittant Pinhão, la N 323 grimpe dans les hauteurs de la vallée. Après 5 km, s'offre une belle **vue★** d'ensemble sur le méandre du Douro et le confluent de ce dernier avec le rio Pinhão. Les pentes se strient de terrasses couvertes de vignes parmi lesquelles surgissent les *quintas*.

Sabrosa

16 km au nord de Pinhão.

La ville natale de **Magellan** (qui n'est donc pas né les « pieds dans l'eau » comme le veut la légende!) compte plusieurs demeures seigneuriales du 15ᵉ s. On peut voir la maison natale de l'illustre navigateur (1480-1521), devant laquelle trône une plaque commémorative, hommage du Chili au découvreur de son plus célèbre détroit.

Solar de Mateus★★

(Manoir de Mateus)

16 km au nord-est de Sabrosa et 3,5 km à l'est de Vila Real. ☎ 259 323 121 - www.casadeMateus.com - visite guidée obligatoire ttes les h (45mn - en haute saison, il est prudent de réserver) - 9h-18h30 - 12,50 € (jardins seuls : 8,50 € - visite libre). Photos interdites dans le manoir.

Châtaigniers, vignes et vergers signalent l'approche du bourg de Mateus, que la présence du manoir des comtes de Vila Real a rendu célèbre. Avec ses jardins magnifiques, le **manoir** de Mateus constitue un lieu d'harmonie et de grande beauté, à visiter absolument. Bijou de l'architecture baroque, il fut édifié dans la première moitié du 18ᵉ s. par Nicolau Nasoni *(voir encadré p. 30)*. En arrière de pelouses plantées de cèdres, et suivi d'un jardin agrémenté de massifs de buis et d'une charmille formant un « tunnel de verdure », l'édifice présente une **façade★★**, précédée d'un miroir d'eau, où repose, couchée, une statue de femme, œuvre du sculpteur contemporain João Cutileiro. Le corps central du bâtiment, en retrait, se pare d'un ravissant escalier à balustres et d'un haut fronton armorié encadré de statues allégoriques. La cour d'honneur est protégée par une balustrade de pierre ornementée. Les fenêtres d'étage sont surmontées de gâbles moulurés. Sur les corniches des toitures s'élèvent de très beaux pinacles.

À gauche de la façade lui fait pendant celle d'une élégante chapelle baroque érigée en 1750, également par Nasoni. À l'intérieur du palais, on remarque les magnifiques plafonds en bois de châtaignier sculpté de la grande salle et du grand salon, la richesse de la bibliothèque (nombreuses éditions françaises anciennes), certains meubles (portugais, espagnols, chinois, français en bois peint du 18ᵉ s.) et, dans deux salles de l'étage constituées en musée : des **cuivres gravés** par Fragonard et le baron Gérard, des éventails précieux, des vêtements liturgiques, un autel du 17e s. et des sculptures religieuses dont un crucifix d'ivoire du 16e s.

Vila Real

À 3,5 km à l'ouest de Mateus et à 93 km au nord-ouest de Porto - Comptez 1h à 1h30.

Loja interativa - *Av. Carvalho Araújo, 94 - ✆ 259 308 170 - www.cm-vilareal.pt - 9h-13h, 14h-18h.*

Groupée sur un plateau à la confluence du rio Corgo et du rio Cabril, la « ville royale » est un carrefour de communication sans grand relief malgré les nombreuses demeures patriciennes des 16e et 18e s. qui l'agrémentent.

Sé - Ancienne église conventuelle érigée à la fin de l'époque gothique, la cathédrale présente néanmoins certains caractères romans, discernables en particulier dans la facture des chapiteaux de la nef.

De l'autre côté de l'avenida Carvalho Araújo et un peu plus haut, la maison du 16e s. *(nº 94)*, occupée par l'office de tourisme, présente une belle façade.

Descendre l'av. Carvalhau Araújo et dépasser le rond-point.

Casa de Diogo Cão - *Av. Carvalho Araújo, 19 (plaque) - ne se visite pas.* Ainsi appelée parce que le célèbre navigateur y serait né. La façade a été refaite au 16e s. dans le style de la Renaissance italienne.

Câmara Municipal - Édifié au début du 19e s., l'hôtel de ville est précédé d'un escalier de pierre à balustres dans le goût de la Renaissance italienne.

Cemitério - Autour du cimetière, une esplanade dégage des points de vue intéressants sur le ravin du Corgo et les quelques maisons qui le surplombent. À l'arrière du cimetière, on jouit d'une vue plongeante sur les gorges du Corgo et son affluent, le Cabril.

Igreja São Pedro - *R. 31 de Janeiro* - Elle se dresse à l'extrémité opposée de la vieille ville, accessible par les rues piétonnières montant dans les hauteurs de la vieille ville (r. Teixera de Sousa et son prolongement, la r. 31 de Janeiro). L'église est décorée d'azulejos polychromes du 17e s. dans le chœur et d'un **plafond★** à caissons en bois sculpté et doré.

I. Vdovin/age fotostock

Solar de Mateus.

Nos adresses

Le Majestic café.
B. Barbier/hemis.fr

Se restaurer

Honneur au pays, la plupart des restaurants *(restaurantes)* proposent une cuisine portugaise. Il est très courant à Porto de manger au **comptoir**, dans les *tascos* (bistrots de quartier) comme dans certains restaurants plus haut de gamme. **Cafés** et **pâtisseries** disposent souvent de places assises et font aussi office de salon de thé, permettant de se rassasier pour quelques euros avec des collations consistantes (beignets de morue, feuilletés, etc.).

Gastronomie p. 122 et lexique p. 137.

Repérez les adresses sur nos plans grâce aux pastilles numérotées (ex. 1). Les coordonnées en rouge (ex. C2) font référence au plan détachable (à l'intérieur de la couverture).

LE VIEUX PORTO

Moins de 20 €

27 **DaTerra** – **E6** - *R. Mouzinho da Silveira, 249 - 22 319 9257 - www.daterra.pt - 8h30-23h (23h30 vend.-sam.) - buffet déj. 7,50/10 € - Autre adresse identique à Matosinhos, r. Afonso Cordeiro 71.* Avis aux amateurs de salades, de soupes, de légumes sautés, gratins et autres quiches aux légumes, DaTerra, restaurant végétarien, permet de faire le plein de vitamines et de fraîcheur. Sympathique buffet à volonté et jus de fruits frais variés, à savourer dans une vaste salle lumineuse au ton clair. Une bonne adresse à prix doux, à quelques pas de la gare São Bento.

22 **Taverna d'Avò** – **E6** - *R. Sao Bento da Vitória, 48 - 22 201 2181 - fermé dim. - 10/15 €.* Cette chaleureuse taverne qui ne paye pas de mine est installée derrière le Centro Português de Fotografia. Elle concocte une bonne cuisine locale et authentique à des prix imbattables.

9 **O Mercado** – **E6** - *Praça do Infante D. Henrique, 95 - 935 274 541 - fermé dim. - 10/20 €.* Ce café-bar et restaurant occupe l'étage de l'ancien marché Ferreira Borges qui domine la place. À la belle architecture de fer se mêle un décor vide-grenier. Dans une ambiance décontractée, vous apprécierez les pizzas cuites au four à bois, le filet de bœuf ou hamburger frites, le carpaccio, la franceshina, ou un plat de morue. Vous pourrez prolonger par un concert ou une exposition au Hard Club, à l'étage du dessous

De 20 à 35 €

12 **Bacalhau** – **D7** - *Muro dos Bacalhoeiros, 153 - 960 378 883 - http://bacalhauporto.pt - 11h-23h, vend.-sam. 11h-0h - 18/28 €.* Depuis l'étroite terrasse, savourez cette vue imprenable sur Vila Nova de Gaia et le fleuve. L'endroit est paisible et romantique. Dans l'assiette, le bacalhau sous toutes ses formes, mais aussi marmite de risotto au poulpe, joue de porc et purée d'échalote ou encore thon à la purée de patate douce. Le tout accompagné d'une très belle sélection de vins régionaux.

5 **Arroz de Forno** – ***E6*** - *R. Mouzinho da Silveira, 203 - ✆ 22 200 7465 - 12h-15h, 18h30-23h - 20/25 €.* Sur la large artère menant au fleuve, ce vaste restaurant sur deux étages affiche une décoration contemporaine en pierre et bois brut qui contraste avec sa carte spécialisée dans les plats traditionnels du Douro. Ceux-ci sont servis dans des cocottes en terre cuite brune, accompagnés de riz. Meia doses conseillées, c'est très copieux.

17 **Forno Velho** – ***E7*** - *R. do Infante D. Henrique, 1 - ✆ 22 096 5786 - 25/35 €.* Dissimulé au fond d'une impasse de la Ribeira, l'élégant restaurant de l'hôtel Carris vous accueille dans une salle paisible au décor contemporain qui a conservé ses belles arcades de granit. Tout comme le service, la cuisine du « vieux four » – traditionnelle portugaise – est très soignée. Très belle carte des vins.

De 25 à 40 €

6 **Traça** – ***E6*** - *Largo de Sao Domingos, 88 - ✆ 22 208 1065 - http://restaurantetraca.com - 12h-15h30, 19h-0h, vend. 12h-15h30, 19h30-2h, sam. 12h30-16h30, 19h30-2h, dim. 12h30-16h, 19h-23h30 - formule déj. 8,50 € - 25/40 €.* En contrebas de la Rua das Flores, ambiance bistrot-chic où déguster de bons petits plats, néanmoins copieux, d'inspiration ibérique : poulpe rôti et confit d'oignon, filet de bar en croûte et crème d'oursin, boudin noir et risotto au safran, poivrons farcis, gambas croustillantes et mousseline d'ail... les desserts ne sont pas en reste.

4 **ODE Porto Wine House** – ***E7*** - *Largo do Terreiro, 7 - ✆ 913 200 010 - 19h-22h30 - fermé lun. - 30/40 €.* Ce restaurant de poche, intime et chaleureux (murs en pierre et vieux tonneaux de bois), est réputé pour la qualité de ses produits et de ses vins, au service d'une savoureuse cuisine régionale slow food. Le patron fait partager sa passion pour les saveurs du Portugal. Vingt couverts maxi. Un conseil : pensez à réserver !

Plus de 40 €

28 **Cantinho do Avillez** – ***E6*** - *R. Mouzinho da Silveira, 166 - ✆ 22 322 7879 - http://cantinhodoavillez.pt - réservation recommandée - 30/55 €.* Le médiatique chef portugais José Avillez, qui tient plusieurs restaurants à Lisbonne dont un étoilé, a ouvert à Porto sa « cantine », élégante et décontractée. Dans une atmosphère cosy, vous apprécierez une goûteuse cuisine d'inspiration portugaise revisitée : peixinhos da horta (haricots verts enrobés dans une fine pâte frite), émincé de coquilles Saint-Jacques crues sur mousse d'avocat, thon braisé sauté au légumes, pieuvre grillée, risotto de champignons Portobello au bacon fumé, parmesan et basilic. En dessert, mention spéciale pour l'avelã, un « tout noisette » associant subtilement la mousse et la glace. Et les petits budgets ne sont pas oubliés : en témoigne la francesinha style Cantinho à 12 € !

De 50 à 60 €

13 **DOP** – ***E6*** - *Largo de S. Domingos, 18 - ✆ 22 201 4313 - www.doprestaurante.pt - 12h30-15h30,*

19h-22h30 sf lun. midi et dim. - menu 20/135 € - carte 52/68 €. Ce restaurant, installé dans un édifice du 15e s., est l'une des adresses du célèbre chef Rui Paula. Il maîtrise à merveille les associations de saveurs et son menu dégustation (un accord mets et vins), renouvelé au gré des saisons, est un plaisir pour les sens. Un délicieux voyage !

LE CENTRE

Moins de 25 €

29 **Maus Hábitos (Vícios de Mesa)** – ***F5*** - *R. Passos Manuel, 178 - 4eét. (ascenseur et escaliers) - ✆ 22 112 4868 - ✆ 937 202 918 - www.maushabitos.com - 12h-15h, 20h-23h, vend.-sam. 12h-15h, 20h-0h, dim. 12h-16h - fermé lun. - salade 7,5 € - pizza 5/13 €.* Au 4e étage d'un ancien beau garage (1930) se niche une petite perle : un espace polyvalent – à la fois centre culturel, bar-restaurant et salle de concert – aménagé sur plusieurs salles lumineuses et terrasses ornées de plantes. On peut y déjeuner ou dîner simplement : soupes, copieuses salades, pizzas, lasagnes, le tout cuisiné maison avec des produits frais. Service attentionné et efficace. Voir aussi « Sortir ».

23 **Santiago F** – ***F5*** - *R. Passos Manuel, 198 - ✆ 22 208 1804 - http://cafesantiago.pt - 11h-23h - fermé dim. - 10/15 €.* Tout en longueur, cette conviviale « cantine » fait face au Coliseu. Dans une joyeuse animation, elle sert aux habitués du quartier les classiques de la cuisine portuane ainsi que des snacks, omelettes et salades, et distribue des demis à tours de bras. L'occasion de goûter le caldo verde ou LA francesinha, déclinée ici en quatre versions. Les très gros appétits choisiront la « Top », enrichie de frites, d'un œuf sur le dessus et de deux tranches de saucisses à l'intérieur ! LadoB Café, le voisin de Santiago F (Rua Passos Manuel 190/192, mêmes horaires), est à peu près l'équivalent.

30 **Museu d'Avó** – ***E4*** - *Travessa de Cedofeita, 56-59 - ✆ 933 130 382 - 20h-4h - fermé dim. - env. 15 €.* Tasco traditionnel aménagé dans une grande salle sombre éclairée de bougies et décorée jusqu'aux poutres du plafond d'objets qui semblent avoir appartenu à la grand-mère (trotinette, vélo, poussette). On vient pour l'ambiance festive et l'accueil, ainsi que pour la variété des plats servis sous forme de petites portions, petiscos (palourdes, jambon, dés de fromage, riz aux fruits de mer, soupe, etc.), accompagnés d'une bière, de vin ou de sangria.

46 **Beher** – ***F3*** - *R. Sá da Bandeira, 589 - ✆ 22 205 3048 - http://beher-porto.pt - 12/18 €.* Le paradis des amateurs de fromages, et surtout de jambons espagnols, que ce « restaurant-charcuterie » au look résolument moderne. D'excellentes tapas accompagnées de délicieux vins au verre, mais aussi des burgers et des salades à déguster en salle ou au comptoir, cerné par des dizaines de jambons.

2 **Bugo Art Burgers** – ***C4*** - *R. de Miguel Bombarda, 598 - ✆ 22 606 2179 - http://bugo.com.pt - 12h-15h 19h30-23h, vend. 12h-15h, 19h30-0h, sam. 12h-16h, 19h30-0h - fermé dim. - 10/20 €.* Le burger

Restaurants à Ribeira.

FRANCESINHA
BACALHAU
POLVO
PETISCOS

dans tous ses états : végétarien, au saumon, Black Angus – confit d'oignon au vin de Porto..., mais aussi quelques savoureuses salades et de délicieuses entrées comme les cannellonis d'aubergine à la ricotta. Ambiance jeune et décontractée. Petite terrasse aménagée à même le trottoir quand le temps le permet. L'adresse est très courue, il faut être patient pour obtenir une table !

1 **Abadia do Porto** – ***F4*** - *R. Ateneu Comercial, 22/24 - ✆ 22 200 8757 - www.restauranteabadiadoporto.com - 12h-15h30, 18h30-23h - fermé lun. midi et dim. - plats 10/23 €.* C'est dans une salle couverte d'azulejos et surmontée d'une mezzanine que vous savourerez de la morue braisée, des tripes à la mode de Porto, des poissons ou des viandes grillées. Un restaurant de cuisine locale aux plats immuables, idéalement situé à proximité de la rua Santa Catarina.

42 **Tabula Rasa** – ***E4*** - *R. da Picaria, 68 - ✆ 22 319 7789 - www.tabua-rasa.com - fermé lun. - 15/25 €.* Les adeptes de fromages et de charcuteries seront ici à la fête, avec des planches de queijos et de jambons de différentes tailles. Les autres pourront se replier sur les conserves de poissons – sardines, thon et autre morue de fabrication également 100 % portugaise. Même les desserts restent dans la thématique : queijo da serra à la confiture, chouriço de mel, salame de chocolate... Bon accueil et explications en français.

De 25 à 40 €

16 **Guarany** – ***E4*** - *Av. dos Aliados, 85 - ✆ 22 332 1272 - www.cafeguarany.com - 9h-0h - 25/30 € - fado merc., jeu. et sam. en saison, piano certains autres soirs.* Sol en mosaïques, tables et boiseries Art déco, fresques... et néons confèrent à ce café ancien et très connu de Porto, fréquenté par une clientèle très variée, un curieux air à la fois suranné et rutilant. Salades, cuisine portugaise et internationale.

41 **Almeja** – ***F4*** - *R. Fernandes Tomás, 819 - ✆ 22 203 8120 - http://almejaporto.com - fermé dim. - 15 € (menu déj.), 30/35 € (carte), 55 € (menu).* Dans son restaurant tranquille au décor minimaliste de bon goût, le talentueux João Cura, tout juste trentenaire, mitonne des plats raffinés, élaborés à l'aide d'ingrédients d'excellente qualité et présentés avec soin. L'arroz negro do Mondego (riz au poisson et à l'encre), finement parfumé, est une grande réussite, tout comme la délicieuse sauce qui accompagne le bœuf maturé. Mention spéciale concernant le menu déjeuner, d'un rapport qualité-prix exceptionnel. Agréable petite terrasse en plein air à l'arrière.

40 **MUU Steakhouse** – ***E5*** - *R. do Almada, 149A - ✆ 914 784 032 - www.muusteakhouse.com - 19h-0h - 30/35 €.* Un restaurant très en vogue à juste titre, avec un décor sophistiqué style industriel très réussi. Les entrées et les desserts, comme le ponte de caramelo ou le poker de chocolate, sont succulents et originaux, mais ce sont ses viandes de bœuf, comme le Black Angus ou l'entrecôte maturée, cuites à la perfection, qui ont fait

la réputation de l'établissement. Service particulièrement attentionné. Réservation à l'avance indispensable.

7 **Reitoria** – ***E5*** - *R. Sá de Noronha, 33 - ✆ 927 608 628 - www.reitoria.pt - 12h-23h - sandwichs 7/12 € - 25/40 €.* Amateurs de viande, ne manquez pas cette adresse : faux-filet fondant, pavé de rumsteck, entrecôte, confit de porc et frites maison. Un régal ! Ça se passe au 1er étage dans un cadre sobre et chic. Au rez-de-chaussée, c'est foccacia pour un déjeuner sur place – quelques tables en terrasse – ou à emporter. Une version italienne de la fougasse garnie de produits frais au choix (roquette, bresaola, mozzarella, tomates confites, tapenade...).

BOAVISTA ET FOZ DO DOURO

Moins de 20 €

20 **Restaurante Casa da Música** – ***B1*** - *Av. da Boavista, 604-610 - 7e étage - M Casa da Música - ✆ 22 010 7169 - www.casadamusica.com - fermé dim. - menu du jour 14,50 € - plats 12/18 €.* Le temple de la musique a aussi un bon chef d'orchestre en cuisine. Dans une grande salle moderne à la lumière tamisée, vous apercevrez la brigade à l'œuvre. Celle-ci concocte de savoureux plats intégrant des nouveautés quotidiennes : risotto de canard aux courgettes, raviolis de champignons à la sauge, saumon aux câpres, filet de rouget, morue préparée de différentes façons. Menu du jour d'un bon rapport qualité-prix. Terrasse avec jolie vue sur Porto, pour boire une verre.

21 **Mercado Bom Sucesso** – ***B2*** - *Praça Bom Sucesso - ✆ 22 605 6610 - www.mercadobomsucesso.com - restaurants : 10h-23h, vend.-sam. 10h-0h ; marché : lun.-sam. 9h-20h - 10/20 €.* Le vaste hall baigné de lumière naturelle abrite une multitude d'enseignes. Il suffit de vagabonder de stand en stand pour se concocter un menu complet, composé de fruits de mer, de petiscos variés, de pâtisseries conventuelles d'Amarante, que l'on arrosera d'un verre de Douro issu d'une quinta réputée. De quoi ravir tous les goûts. À déguster en toute convivialité à l'intérieur ou sur les tables aménagées à l'extérieur à la belle saison. Concerts certains week-end.

Pour les 3 adresses ci-dessous ***Plan agglo p. 12****.*

31 **Tavi** – ***A2*** - *R. Senhora da Luz, 363 - Foz do Douro - ✆ 22 618 0152 - www.tavi.pt - 8h30-20h - 10/15 €.* Installée dans une agréable rue commerçante de Foz do Douro, avec une terrasse vitrée faisant face à l'Atlantique, cette confeitaria est parfaite tant pour boire un verre et déguster une pâtisserie que pour déjeuner (copieuses salades, burgers, spécialités portugaises). Très bon rapport qualité-prix, accueil sympathique et photos anciennes de Foz do Douro que l'on peut admirer à l'étage.

Autour de 20 €

32 **A Capoeira** – ***B2*** - *Espalanada do Castello, 63 - Foz do Douro - ✆ 22 618 1589 - 12h30-14h30, 20h-23h - fermé dim. Réservez le w.-end.* Surplombant légèrement le castelo

de São João, cette jolie maison bleue couverte d'azulejos a résisté à la pression immobilière; elle abrite un restaurant traditionnel. Les habitués s'y retrouvent, dans une ambiance familiale, autour de plats classiques (viande et poisson) de la cuisine portugaise.

De 20 à 40 €

10 **Cafeína** – ***A2*** - *R. do Padrão, 100 - Foz do Douro - ✆ 22 610 8059 - www.cafeina.pt - 18 (menu déj.)/39 €.* À deux pas de l'Océan, une des grandes tables de Foz do Douro où déguster une cuisine portugaise créative et raffinée à base de produits frais : blinis de pata negra et crème d'orties, chèvre rôti et chutney de piment, bisque de gambas et aussi... un chateaubriand sauce béarnaise, paraît-il divin! Service attentionné et ambiance feutrée, belle carte de vins locaux à prix modérés. Aucune fausse note, ce restaurant vaut vraiment le déplacement. Pensez à réserver. Si toutefois, vous n'y trouviez pas de table, tentez Terra (même propriétaire) situé juste en face.

VILA NOVA DE GAIA

Vila Nova

Moins de 20 €

43 **Mercado Beira Rio** – ***D8*** - *Av. Ramos Pinto, 148 - ✆ 930 415 404 - www.mercadobeirario.pt - dim.-merc. 10h-0h (oct.-avr. 10h-23h), jeu.-sam. 10h-2h (oct.-avr. 10h-0h) - 10/20 €.* Le vénérable marché de Vila Nova de Gaia, sur les rives du Douro, accueille une vingtaine d'enseignes proposant le meilleur de la gastronomie locale et des produits de qualité, toujours très frais. Il suffit d'aller de stand en stand, au gré de ses humeurs, et de se composer un menu à déguster sur des comptoirs ou de petites terrasses.

De 20 à 35 €

14 **D. Luís** – ***D8*** - *Av. Ramos Pinto, 264-266 - ✆ 22 375 1251 - tlj sf lun. 12h-16h, 19h-0h - env. 25 €.* Décoration raffinée pour cette toute petite salle de Vila Nova de Gaia (20 places) dont le bar arrondi fait écho à la vague de béton qui orne les murs de pierres apparentes. On y sert des plats soignés : plusieurs recettes de morue, feijoada marinière, colin, crevettes... Une halte dont la tranquillité contraste avec l'animation environnante. Réservez le w.-end.

8 **Espaço Porto Cruz** – ***E8*** - *Largo Miguel Bombarda, 23 - ✆ 22 092 5340 - www.myportocruz.com - 12h30-16h, 19h30-23h sf dim. soir et lun. - 20/35 €.* Associant tradition et high-tech, ce superbe espace est entièrement dédié à la culture du vin. On y trouve salle d'expositions d'art contemporain, salle de dégustation et, au 3e étage, un restaurant au design minimaliste. Au menu, une bonne cuisine internationale qu'il est possible d'accompagner de vin au verre. Aux beaux jours, ne manquez pas la terrasse lounge, au dernier étage, qui offre une vue à 360° sur la ville et le fleuve. Le lieu est très apprécié, et la réservation de rigueur.

Afurada

Authentique village de pêcheurs, Afurada (➲ *p. 46 et plan*

M. Dozier/hemis.fr

Vue sur Porto.

d'agglomération p. 12, B2) est l'étape idéale pour venir déguster des poissons et fruits de mer grillés, arrosés d'un vinho verde, en profitant d'une belle balade à pied ou à vélo dans les environs. *À env. 4 km à l'ouest du Ponte Luís I, accessible par le bus n°17 (au départ du pont).*

Autour de 20 €

18 **Casa do Pescador** – ***B2*** - *R. Vasco da Gama, 18 - Afurada - ✆ 22 781 3077 - 12h-16h30, 19h-23h30 - 15/25 €.* Arrêtez-vous dans cette pimpante maison de pêcheurs à l'atmosphère familiale. Au menu : poissons du jour, grillés au feu de bois, ou mijotés avec du riz, des fruits de mer, de bonnes salades, des légumes variés et quelques desserts maison. Les portions sont généreuses, la cuisine simple, fraîche et délicieuse, et les prix très raisonnables. Une farandole de hors-d'œuvre de la mer arrivent sur la table en début de repas, vous n'êtes pas obligés de les goûter et, comme partout, vous ne payez que ce qui est consommé.

GUIMARÃES

Plan de Guimarães p. 50

De 20 à 30 €

5 **Buxa** – *Largo da Oliveira, 23 - ✆ 252 058 242 - www.restaurantebuxa.com - 20/25 €.*

Bonne et copieuse cuisine de spécialités locales à base de viande, de poisson, et pour ceux qui ont de l'appétit, la fameuse francesinha ! Le patron parle parfaitement le français. Agréable terrasse donnant sur le largo da Oliveira.

De 25 à 35 €

11 **Resves** – *R. de Santa Maria, 39 - ☎ 253 067 491 - 25/35 €.* Situé dans l'une des plus jolies rues de Guimarães, ce restaurant propose un beau choix d'entrées et de plats jouant avec les alliances de saveurs inhabituelles. Les crevettes grillées à l'ail avec des palourdes et des moules sont très réussies, tout comme le porc sauce tiriyaki, ou les grillades (pour 2 pers.). Accueil sympathique et très belle vue sur la rue depuis la petite terrasse.

Plus de 40 €

10 **A Cozinha** – *Largo do Serralho, 4 - ☎ 253 534 022 - www.restauranteacozinha.pt - fermé dim.-lun. - 40/60 €.* Le très créatif António Loureiro transcende les classiques de la gastronomie portugaise en leur apportant une touche de modernité. Les entrées sont d'une extrême finesse et présentées avec un art consommé. La même explosion de saveurs se retrouve dans les plats principaux, tous excellents, comme la viande maturée, accompagnée de girolles et de petits légumes. Carte des vins et service au top.

Amarante

Moins de 20 €

Don Rodrigo – *R. 31 de Janeiro, 39 - 4600-043 Amarante - ☎ 919 318 042 - www.tabernadonrodrigo.pt - 9h-20h - env. 10 €.* Dans cette taverne-charcuterie-fromagerie aux murs de pierre couverts d'adages sur le vin et de jambons suspendus, quelques tables en bois pour une formule unique : des sandwichs de presunto et des assiettes de fromages régionaux accompagnés d'un bon verre de vin.

LA VALLÉE DU DOURO

Peso da Régua

Moins de 20 €

Cacho d'Oiro – *R. Branca Martinho - P - 18/25 €.* Derrière le marché, ce restaurant au cadre sobre propose une bonne cuisine régionale, notamment un excellent cabrito asado, la spécialité du lieu. Vaste choix de vins, comme en témoigne la multitude de bouteilles exposées à l'entrée de l'établissement.

Vila Real

Moins de 20 €

O Transmontano – *R. da Misericórdia, 33 - f. dim. - 12/15 €.* Un restaurant populaire sans prétention pour déguster, dans la ruelle ou la salle décorée d'azulejos, des plats traditionnels du Trás-os-Montes comme le bife a trasmontana, du bœuf accompagné d'une sauce au vin piquante. Un louable effort de présentation et un service rapide, choses rares dans ce type d'établissement.

Prendre un verre

Repérez les adresses sur nos plans grâce aux pastilles numérotées (ex. 1). Les coordonnées en rouge (ex. C2) font référence au plan détachable (à l'intérieur de la couverture).

LE VIEUX PORTO

10 **Cremosi** – **E5** - *R. Mouzinho da Silveira, 336 - autre point de vente rua Carlos Carvalho à Matosinhos - 935 401 378 - www.cremosi.com - 13h-0h, vend.-sam. 13h-1h, dim. 13h30-19h30.* Tout proche de la gare São Bento, ce glacier portugais occupe un spacieux et confortable espace disposé sur 2 niveaux. De nombreux parfums, classiques et plus originaux, comme porto, caipirinha ou pastel de Nata. Cremosi propose aussi des pâtisseries, des crêpes et des gaufres.

11 **Armazém** – **D6** - *R. Miragaia, 93 - 22 201 1702 - 11h30-20h - vente vintage 3e- w.-end du mois.* Nous voici dans un spacieux entrepôt donnant sur le Douro : tables, chaises colorées, quelques transats et une multitude de pots de fleurs à l'extérieur ; bar, galerie d'art, boutiques (mobilier, vêtements et un tas d'objets vintage) à l'intérieur. Un lieu convivial pour fouiner et boire un verre (petite restauration également). Animations souvent organisées le week-end.

1 **Chocolataria das Flores** – **E6** - *R. das Flores, 121 - 22 018 5892 - - 9h30-19h, dim. 10h-19h.* Ce micro espace, cosy et chaleureux, propose de délicieux chocolats et cafés, accompagnés de pâtisseries maison. On peut aussi déjeuner simplement de salades composées, quiches, sandwichs ou soupes, préparés avec des produits frais de qualité (moins de 10 €).

2 **Mercearia das Flores** – **E6** - *R. das Flores, 110 - 22 208 3232 - www.merceariadasflores.com - 10h30-20h, vend.-sam. 10h30-21h, dim. 13h-19h.* Petite épicerie de charme disposant de quelques tables à l'intérieur et dans la rue des Fleurs. Vous apprécierez les salades et les tartines, confectionnées sur mesure avec de délicieux fromages, jambons et saucissons de la région. Quelques produits bio.

LE CENTRE

20 **A Brasileira** – **F5** - *Rua Sá da Bandeira, 91 - 22 531 1000 - http://https://abrasileiraporto.com.* L'emblématique café A Brasileira, fondé en 1903 par un pharmacien parti au Brésil faire fortune dans le commerce du café, a rouvert ses portes en 2018, devenant le restaurant-brasserie de l'hôtel de luxe logeant dans l'immeuble du 19e s. Derrière la splendide façade à auvent se déploie un décor d'un luxe pharaonique, une débauche de stucs, de marbre, de miroirs et de meubles de style.

18 **Candelabro** - **E4** - *Rua da Conceição, 3 - www.cafecandelabro.com - lun.-vend. 10h30-22h, sam. 16h-2h, dim. 16h-0h.* En haut de la très branchée rua da Picária, ce sympathique café-librarie (achat-vente de livres tournés vers les arts) accueille une clientèle mélangée, touristes éclairés et jeunes arty. Bon vin au verre et petit choix de petiscos à déguster en terrasse ou en salle, pour profiter d'une programmation musicale originale.

19 **Café Vitória** - **E4** - *R. José Falcão - ✆ 22 013 5538 - www.cafevitoria.com - lun., merc.-vend. 12h-0h, sam.-dim. 12h-2h - fermé mar.* Une adresse au décor cosy et moderne pour lire ou boire un verre confortablement assis dans un fauteuil ou dans une cour-jardin pour le moins inattendue. Le café propose de la petite restauration pas chère (bons hamburgers) en journée et se transforme le soir en restaurant.

12 **Santini** - **E5** - *Largo dos Lóios,15 - ✆ 22 201 1692 - http://santini.pt - 11h-0h.* L'un des glaciers les plus anciens du Portugal, fondé par l'italien Attilio Santini en 1949 près de Lisbonne, œuvre aussi – pour le bonheur de tous – en plein centre de Porto. Belle boutique où l'on peut déguster sur place et grand choix de parfums dont vinho do Porto, en clin d'œil à la cité.

3 **Café Majestic** - **F5** - *R. Santa Catarina, 112 - ✆ 22 200 3887 - www.cafemajestic.com - 9h-23h30 - fermé dim.* Pendant la journée ou en fin d'après-midi, le Majestic, avec sa décoration Art nouveau, est toujours un grand classique pour une pause salée ou sucrée. Sans doute le plus beau café de Porto. Petite cour-terrasse à l'arrière.

5 **Confeitaria Império** - **F5** - *R. Santa Catarina, 149-151 - ✆ 22 200 5595.* Cette confiserie située dans la partie piétonne de la rua Santa Catarina, axe commerçant incontournable, reste un classique du genre avec son salon de thé où l'on peut déguster la spécialité locale : le pão de Ló (sorte de génoise).

6 **Confeitaria do Bolhão** - **F4** - *Rua Formosa, 339 - ✆ 22 339 5220 - www.confeitariadobolhao.com - 6h-19h30, sam. 7h-19h - fermé dim. - menu du jour 7,40 €.* Temple de la gourmandise depuis plus de cent ans, cette adresse, face au marché de Bolhão, vaut le détour autant pour ses pâtisseries que pour ses petits plats typiques (soupes, salades, plat de viande ou de poisson, francesinha, etc.) et ses jus de fruits frais. Une véritable institution.

9 **Padeirinha doce** - **F6** - *R. Augusto Rosa, 46 - ✆ 22 332 4653 - 6h-20h, dim. 6h-13h.* Cette pâtisserie-salon de thé de quartier, établie près des remparts et de la petite ligne de tram, est digne de la promesse qu'elle nous fait à travers sa vitrine : grand choix de spécialités sucrées et salées qu'il est possible de déguster sur place.

BOAVISTA ET FOZ DO DOURO

Pour ces 2 adresses ***Plan p. 12***.

17 **Casa de Chá** - **B2** - *R. de Serralves, 977 - dans le parc de la fondation Serralves - ✆ 22 617 0355 - www.serralves.pt - mar.-vend. 12h-18h, w.-end. et j. fériés 11h-19h (18h en hiver).* Ce salon de thé offre un cadre frais et accueillant. Idéal pour des brunchs, goûters ou déjeuners légers lorsqu'on visite la fondation.

13 **Mercearia do Miguel** – ***B2*** - *R. do Passeio Alegre, 130 - ✆ 22 011 6889 - www.merceariadomiguel.com - 9h30-17h30 - fermé lun.-mar.* Ancienne petite maison de pêcheur, la charmante épicerie de Miguel, à l'accueil tout sourire, est le lieu adéquat pour faire escale sur la route de Foz do Douro : petit-déjeuner, jus de fruits naturel ou repas confectionné à partir des bons produits frais et locaux en vente dans la boutique (fromage, jambon, salades composées, soupe, etc.). Quelques tables à l'extérieur devant la ligne de tram.

VILA NOVA DE GAIA

15 **3 + Arte** – ***E8*** - *Largo Joaquim de Magalhães, 12 - ✆ 22 375 8255 - http://3maisarte.blogspot.fr - 11h-20h (19h le dim.).* Ce lieu original et accueillant conjugue avec réussite art et vin. Il s'agit d'un ancien hangar retapé qui abrite une galerie présentant divers objets réalisés par des artistes locaux, ainsi qu'un espace bar : boissons diverses – dégustation de porto possible bien entendu – et tepiscos (jambon, fromage, chorizo) pour grignoter.

GUIMARÃES *(plan p. 50)*

1 **Pastelaria Clarinha** – *Largo do Toural, 86-88 - ✆ 253 516 513 - 8h-23h.* Sympathique pâtisserie traditionnelle dans laquelle vous apprécierez, entre autres douceurs, la tortas de Guimarães ou le toucinho do Céu. Quelques tables au fond de la boutique où se poser pour un en-cas (feuilletés à la viande, sandwichs, beignets de morue, etc.).

2 **Casa Costinhas** – *R. da Santa Maria, 68 - ✆ 253 516 248 - 8h-19h - fermé dim.* Niché dans une charmante ruelle ancienne, ce petit café-pâtisserie est parfait pour déguster une des douceurs locales : le toucinho do Céu ou la torta de Guimarães.

Amarante

Confeitaria da Ponte – *R. 31 de Janeiro, 186 - ✆ 255 432 034 - http://confeitariadaponte.pt - 8h30-20h.* La terrasse de cette pâtisserie située au pied du pont, en surplomb de la rivière, compose un cadre privilégié. Parmi les spécialités, le fameux bolo de Gonçalo que vous accompagnerez d'un thé sélectionné parmi une belle gamme. Organise des dégustations de vinho verde et de pâtisseries conventuelles.

LA VALLÉE DU DOURO

Vila Real

Casa Lapão – *R. da Misericórdia, 53-55 - ✆ 259 324 146 - www.casalapao.pt - 8h30-19h30.* Réputée dans toute la ville, cette minuscule adresse est fréquentée aussi bien pour les pauses gourmandes que pour le déjeuner : bolas de carne (pain fourré au jambon cru, au bacon et au saucisson), cristas de galo (gâteau aux amandes en forme de demi-lune) et pitos de Santa Luzia, une spécialité locale à la citrouille et à la cannelle.

Shopping

Repérez les adresses sur nos plans grâce aux pastilles numérotées (ex. 1). Les coordonnées en rouge (ex. C2) font référence au plan détachable (à l'intérieur de la couverture).

PORTO

Bon à savoir – La plupart des magasins sont ouverts lun.-vend. 10h-12h30, 14h30-19h, sam. 9h30-13h. Les grands centres commerciaux ouvrent tlj 10h-23h.

Pour les aficionados du shopping, quelques hauts lieux emblématiques :

La **rua Santa Catarina** – ***F4-5*** regroupe le plus grand nombre de boutiques parmi lesquelles une majorité d'enseignes internationales. L'artère est large et une bonne partie est piétonnière. Aux **n° 312-350**, un grand centre commercial sur 4 niveaux concentre près de 100 magasins et lieux de restauration.

La **rua Miguel Bombarda** – ***C-D4*** qui n'est pas la plus charmante de Porto abrite en partie des ateliers d'artistes. Vous y trouverez bien entendu des galeries d'art, mais aussi des boutiques de créateurs en tout genre (textiles, mobiliers, déco...), ainsi que des magasins d'objets *vintage*. Au **n° 285**, un immense espace contemporain, le **CC Bombarda** de **l'Oporto Art District** *(bombardaportoartdistrict.com - lun.-sam. 10h-22h)* rassemble des dizaines de boutiques : mode, *vintage*, produits de beauté, bonsaïs, brocantes, coiffeurs, petite restauration, etc.

La **rua de Cedofeita** – ***D2-4*** plus jolie que sa voisine la Bombarda, avec son parterre de petits pavés noirs et blancs, elle regroupe quelques enseignes et boutiques de vêtements dans une ambiance plus populaire.

Ne manquez pas de passer par la **travessa de Cedofeita**, ruelle pleine de charme qui conserve à ce jour toute son authenticité avec ses mini-échoppes de brocantes, même si, ici et là, des créateurs branchés rachètent doucement les pas-de-porte.

En ce qui concerne les centres commerciaux, ils sont localisés autour de l'**avenue de Boavista.**

Gastronomie

1 A Pérola do Bolhão – ***F4*** - *R. Formosa, 279 - ✆ 22 200 4009 - 9h30-13h, 14h-19h30, sam. 9h30-13h - fermé dim.* Une épicerie fine qui mérite un détour, ne serait-ce que pour sa façade délicieusement rétro. Ses étalages à l'ancienne vous transporteront au temps des colonies avec leurs produits exotiques, leurs épices, le café du Brésil et les fruits secs. Une enseigne intemporelle.

2 Casa Oriental – ***D6*** - *Campo dos Mártires da Pátria, 110-111 - ✆ 22 200 2530 - www.casaoriental.pt - 10h-19h30.* Une boutique au décor original, avec carrousel pour les enfants, qui surfe sur la mode

Arte e Alma

La boutique Arte e Alma.

des boîtes de sardines. Des boîtes millésimées de 1920 à 2018 couvrent entièrement les murs du rez-de-chaussée que surplombe des rouages en mouvement. À l'étage sont vendus des conserves d'autres poissons et de conditionnement plus sophistiqué. Très touristique et cher (7 € la boîte) : pour le coup d'œil.

3 **Mosaico de Sabores** – **E4** - *Praca Guilherme Gomes Fernandes, 67 - ✆ 22 208 2647 - www.mosaicodesabores.com - lun.-sam. 10h-20h, dim. 14h-20h.* Une adorable épicerie où se procurer des produits du Portugal d'excellente qualité : huiles, fromages, conserves, jambon, saucisses, bacalhau séchée, confitures, biscuits et même de la céramique. Possibilité d'une pause sucrée ou salée sur place. L'accueil est tout sourire.

4 **Chocolataria Equador** – **F3** - *Rua Sá da Bandeira, 637 - ✆ 967 296 160 - www.chocolatariaequador.com - lun.-sam. 11h-19h30.* Du chocolat artisanal décliné sous toutes les formes : truffes, orangettes, bonbons, sucettes, barres, tablettes (emballées dans de splendides papiers), et autres surprises. Muito bom !

18 **Mercearia das Flores** – **E6** - *R. das Flores, 110 - ✆ 22 208 3232 - www.merceariadasflores.com - lun.-jeu. 10h30-21h (20h nov.-mars), vend.-sam. 10h-22h, dim. 13h-20h.* Les jolies étagères en bois recèlent de bons produits locaux et régionaux :

conserves de sardine et de thon, huile d'olive, vinaigre, vin, miel, confiture, etc.

Vin

Pour la visite des chais, à l'issue de laquelle on est bien entendu encouragé à acheter des bouteilles de porto, *voir « Porto pratique/Vin et porto » p. 108 et « Vila Nova de Gaia » p. 43.*

5 **Portologia** – **E7** - *R. S. João, 28-30 - ✆ 22 205 2468 - http://portologia.pt - 11h-0h - fermé merc. nov.-mars.* S'il est un lieu idéal pour s'initier aux portos, c'est bien dans ce bar à vins-vinothèque. Plus de 200 variétés (30 à 40 marques et des petits producteurs) à emporter ou à déguster sur place. Conseils et explications éclairés et passionnés. Vins exceptionnels et dégustations thématiques.

12 **Touriga Vinhos de Portugal** – **E5** - *R. da Fábrica, 32 - centre - ✆ 22 510 8435 - 10h-20h - fermé dim.* Cet excellent caviste installé dans un paisible magasin présente une belle sélection de vins de petits producteurs, ainsi que des portos. Très bon accueil, dégustation, conseils et explications en français.

Livres, cartes postales

11 **Livraria Lello** – **E5** - *R. das Carmelitas, 144 - ✆ 22 200 2037 - www.livrarialello.pt - lun.-vend. 10h-19h30, sam.-dim. 10h-19h - entrée payante, 5 €, déduit en cas d'achat.* Outre son architecture et son décor exceptionnels (voir p. 31), cette librairie indépendante dispose d'un riche fonds éditorial, réparti dans des rayonnages grimpant jusqu'au plafond. Quelques guides et autres livres en français. C'est aussi un lieu culturel dynamique.

13 **Collectus** – **D4** - *Traverssa de Cedofeita, 8D - centre - ✆ 22 332 3243 - http://coleccionar-collectus.blogspot.fr - 10h-18h30, sam. 10h-13h - fermé dim.* Ce magasin recèle de cartes postales, timbres, pièces de monnaie, petites boîtes d'allumettes, livres, magazines, affiches, boîtes en métal d'un autre temps. Une délicieuse plongée dans la mémoire du Portugal, et de Porto en particulier.

Mode et accessoires

14 **Pedemeia** – **F4** - *R. Santa Catarina, 209 - centre - ✆ 22 203 0526 - http://pedemeia.pt - lun.-sam. 9h30-19h - fermé dim. Autres boutiques : r. de Cedofeita 27 et av. do Brasil 768.* Le paradis de la chaussette ! Confectionnées à Braga, elles se déclinent dans toutes les couleurs, les formes et les tailles (femmes, hommes, enfants), à des prix très raisonnables.

15 **Ecolã** – **E6** - *Traversa da Bainharia, 37 - vieux Porto - ✆ 919 204 440 - www.ecolaportugal.com - lun.-sam. 11h-19h - fermé dim.* Dans cette petite boutique du vieux Porto, vous trouverez de jolis vêtements estampillés « ecolã », signifiant laine écologique. Ils viennent d'une fabrique installée au cœur de la serra da Estrella, région montagneuse du centre du Portugal qui pratique une sélection rigoureuse de la laine et un travail soigneux. Résultat : les articles – bonnets, pantoufles,

écharpes, chapeaux, sacs, capes et manteaux, gilets – sont d'une grande qualité; de plus, ils arborent des coupes sympathiques et modernes qui donnent envie de s'équiper pour l'hiver.

7 **Mezzanine** – **E5** - *R. Cãndido dos Reis, 58 - ✆ 22 201 6114 - http://mezzaninestore.com.* Un espace moderne conçu pour mettre en valeur vêtements de créateurs et accessoires originaux : jupes, robes, chaussures, pantalons, pulls colorés, sacs à main, ceintures, lunettes de soleil, bijoux...

Art et artisanat

16 **Arte e Alma** – **E6** - *R. da Bainharia, 135 - vieux Porto - ✆ 960 368 744 - lun., merc.-vend. 11h30-19h15, sam. 11h30-20h, ouv. certains dim. - fermé mar.* Cachée dans une ruelle du vieux Porto en contrebas de la cathédrale, Arte e Alma rassemble des objets d'artisanat et des œuvres d'artistes venant de différentes régions du Portugal, que la fondatrice connaît personnellement. Ici, l'atmosphère est chaleureuse et tout est fabriqué à la main : broderies, sacs en laine, poteries, bijoux, tableaux en métal représentant des paysages de l'Alentejo, etc.

17 **Vista Alegre Atlantis** – **E5** - *R. das Carmelitas, 40 - centre - ✆ 22 200 4554 - http://vistaalegre.com - 10h-20h.* La célèbre manufacture portugaise de porcelaine et de cristal, établie dans région d'Aveiro, tient un magasin dans le centre de Porto. Il présente une gamme très variée dédiée à l'art de la table, avec la jolie collection Alma do Porto (service à café et à thé, petits plateaux, assiettes, mugs), décorée de dessins naïfs à l'effigie de la cité : façades colorées de la Ribeira, tramway, barco rabelo.

6 **Workshops Pop Up** – **E4** - *R. do Almada, 275 - ✆ 966 974 119 - www.workshops-popup.com - 13h-19h30, sam. 10h-19h30.* Une boutique d'artisanat où sont représentés une quinzaine de créateurs et designers locaux. On y trouve pêle-mêle des articles de mode, des objets en cuir ou en bois, de l'épicerie, des conserves, du savon, du vin... Au fond de la boutique se tient un atelier de cuisine où sont dispensés des cours le week end.

Cadeaux et objets décoratifs

9 **A Vida Portuguesa** – **E5** - *R. Galeria de Paris, 20 - ✆ 22 202 2105 - www.avidaportuguesa.com - lun.-sam. 10h-20h, dim. et j. fériés 11h-19h.* Dans une ancienne boutique de tissus, l'aménagement et les boiseries de ce magasin de style 1900 valent à eux seuls le coup d'oeil. En revanche, peu d'artisanat local (quelques articles à l'étage, à des prix assez élevés) et la plupart des objets vendus ici ne sont pas de grande qualité : sacs et besaces, jouets, foulards, bijoux fantaisie, objets de déco...

10 **Bem Português** – **E6** - *Rua Mouzinho da Silveira, 148 - ✆ 22 208 5695 - www.bemportugues.pt - lun.-sam. 10h30-19h30.* La mère et la fille réalisent elles-mêmes quelques-uns des jolis objets de cet accueillant magasin du vieux Porto : guirlandes de sardines en tissu coloré, tee-shirts, barrettes, broches, bijoux.

FOZ DO DOURO

Située derrière l'esplanade do castelo de São João, la **rua Senhora da Luz** (parrallèle à la rua Coronel Raúl Peres) concentre de nombreux commerces : boutiques de vêtements, de chaussures, d'objets de décoration, épicerie fine, supermarché... Vous y trouverez certainement votre bonheur.

VILA NOVA DE GAIA

Art, artisanat, objets décoratifs

8 **Amor de Galo** – *F7 - Avenida Diogo Leite, 434 - Vila Nova de Gaia - M Jardim do Morro, ligne D - ✆ 22 375 1287 - 12h-22h - fermé dim.* Cette boutique exiguë donnant sur la rive sud du Douro, à côté des chais, présente une belle sélection d'artisanat portugais : sacs et poupées en tissus, porte-monnaie brodés, bijoux, écharpes, cahiers.

ENTRE PORTO ET AMARANTE

Quinta da Aveleda – *R. da Aveleda, 2 - 4560-570 Penafiel - 38 km au nord-est de Porto, sur l'IP 4 en direction d'Amarante - ✆ 255 718 200 - www.aveledaportugal.com - lun.-vend. 9h-18h (visites sur réserv.).* La quinta da Aveleda donne son nom à l'une des marques de vin vert les plus connues à l'exportation. Visite des caves et dégustation dans un très beau site naturel.

LA VALLÉE DU DOURO

Lamego

Sé Gourmet – *R. Macário de Castro, 38 - 5100-149 Lamego - derrière la cathédrale - ✆ 254 688 263 - www.segourmet.com - mar.-vend. 11h-13h, 14h30-19h30, w.-end 11h-19h30.* Une belle boutique mêlant traditionnel et contemporain. Irrésistibles cadeaux gourmands, très joliment présentés : biscuits artisanaux, miels, huiles d'olive, produits biologiques, vins, mais aussi quelques articles d'artisanat portugais. Espace de dégustation.

Peso da Régua

Vous trouverez à boutique du **museu do Douro** (*p. 64*) un choix incomparable de vins et de portos, ainsi que de bons conseils pour vos achats.

Vila Real

Les **poteries noires** aux reflets d'argent, produites dans le proche village de **Bisalhães**, sont fabriquées depuis le 16e s. Elles ont été inscrites en 2016 au patrimoine immatériel de l'Humanité par l'Unesco. Des marchands les vendent à même le pavé le long da rua Combatentes da Grande Guerra, la rue piétonnière qui traverse le centre-ville.

Sortir

Consultez la rubrique « Agenda » du site de l'office du tourisme de Porto (www.visitporto.travel) ; très pratique, elle permet de filtrer les événements par date, par type et par prix. Porto connaît une vie nocturne particulièrement animée.

Repérez les adresses sur nos plans grâce aux pastilles numérotées (ex. 1). Les coordonnées en rouge (ex. C2) font référence au plan détachable (à l'intérieur de la couverture).

SPECTACLES, FADO

Porto

Le site Internet **Iporto Agenda Metropolitana da Cultura** *(iporto.amp.pt, en anglais et en espagnol)* recense les spectacles de danse, musique et théâtre ainsi que les festivals et les expositions.

Pour écouter un **concert** à la **Casa da Musica**, www.casadamusica.com.

12 **Coliseu do Porto** – ***F5*** - *R. Passos Manuel, 137 - 22 339 5090 - www.coliseu.pt.* Cette prestigieuse salle historique du centre-ville, installée dans un bâtiment emblématique du modernisme portugais, affiche une programmation variée : concerts, opéras, spectacles de danse, de cirque.

Les restaurants **Galeria de Paris** (*« Cafés et bars » page suivante)* et **Guarany** (*« Se restaurer » p. 74)* programment régulièrement des soirées **fado** le week-end.

9 **O Fado** – ***D6*** - *Largo de S. João Novo, 16 - 22 202 6937 - http://ofado.com - 20h30-1h - fermé dim. - env. 37,50 € repas et concert.* Comme son nom l'indique, le fado est à l'honneur chaque soir (sauf le dimanche) dans cette petite adresse touristique et néanmoins sympathique, installée à la lisière ouest du vieux Porto. On y sert une cuisine portugaise régionale.

10 **Adega Rio Douro** – ***B2*** - *Rua do Ouro, 223 - bus 500 - 22 617 0206 - 8h-21h30 - fermé dim. Fadistes le mardi 16h-19h30.* Taverne authentique et chaleureuse à deux pas de la rive du Douro où l'on grignote quelques plats (poissons grillés, petits gâteaux maison) en compagnie des habitués qui viennent écouter le fado depuis plusieurs décennies. ***Plan agglomération*** p. 12.

CAFÉS ET BARS

Le vieux Porto

1 **Wine Quay Bar** – ***E7*** - *Muro dos Bacalhoeiros, 111 - 22 208 0119 - www.winequaybar.com - 16h-23h - fermé dim.* Ce bar à vin est un lieu de rendez-vous idéal à l'heure de l'apéritif. Une carte de vins locaux bien choisis, une planche de pata negra et un fromage de brebis exceptionnel, que demander de plus ? Vue sur le Douro et les caves de Vila Nova. Il faut y aller tôt, le nombre de places est limité.

2 **Taberna do Largo** – ***E6*** - *Largo de Sao Domingos, 69 - ✆ 22 208 2154 - 17h-0h - fermé lun.* Ce bar à vin est un endroit parfait où goûter de bons produits portugais : planches de fromages et/ou de charcuterie, mais aussi quelques tapas (rillettes de sardine, tapenade, etc.). Belle sélection de vins évidemment. On peut acheter quelques produits (fromage, jambon) sur place. Terrasse sur la rue piétonne.

3 **Hard Club** – ***E6*** - *Praça Infante D. Henrique - ✆ 935 274 541 - www.hard-club.com - 11h-2h30 - fermé lun.* La grande structure rouge du Mercado Ferreira Borges accueille le jeune et branché Hard Club. On s'y arrête pour prendre un verre dans une ambiance de culture : expos, projections, concerts à partir de 12 € (beaucoup de jazz et de rock).

4 **Guindalense F.C.** – ***F6*** - *Escadas dos Guindais, 43 - ✆ 22 203 4246 - fermé dim. soir.* Dissimulé au pied des murailles, ce petit café tout simple offre un cadre idéal pour boire un café ou une bière (quelques snacks) : terrasse avec l'une des plus belles vues sur le ponte Luís I, le Douro, le couvent et les chais.

Le centre

Promenez-vous dans le sympathique **quartier dos Clérigos**, dans les rues juste au nord de l'église **(Galeria de Paris**, **Cândido dos Reis**, **do Conde de Vizela)**, et sur la **praça de Filipa de Lencastre** où abondent bars, clubs et restaurants aux ambiances différentes (classiques avec musique pop, électro, concert fado, bar plus tranquille et chic...). C'est la zone la plus animée de Porto la nuit. La foule s'y presse en fin de semaine.

24 **Galeria de Paris** – ***E5*** - *R. Galeria de Paris, 56 - ✆ 22 201 6218 - lun.-merc. 9-2h, jeu.-sam. 9h-3h - fermé dim.* Une adresse jeune, sympathique et chaleureuse au décor de bric et de broc sur fond de vitrines de jouets anciens. Pour écouter de la musique en buvant un verre. Musique live certains soirs.

11 **Aduela** – ***E4*** - *R. das Oliveiras, 36 - ✆ 22 208 4398 - dim.-lun. 15h-2h, mar.-jeu. 10h-2h, vend.-sam. 10h-4h.* Ce sympathique bar-tasco est l'un des spots du quartier à l'heure de l'apéro et jusque tard dans la nuit.
La terrasse, parée d'un olivier, est prise d'assaut le week-end. Grand choix de vins à petit prix accompagné de goûteux petiscos (tartines à la sardine ou au fromage, chorizo, jambon).

25 **Maus Hábitos** – ***F5*** - *R. Passos Manuel, 178 - 4 ét. (ascenseur et escaliers) - ✆ 22 208 7268 - www.maushabitos.com - mar. 12h-0h, merc.-jeu. 12h-2h, vend.-sam. 12h-4h, dim. 12h-17h - fermé lun.* Pour prendre un verre ou un repas dans un lieu atypique et dynamique avec une ambiance décontractée. Pour le charme de la bâtisse, la vue sur Porto et sur la tour du Coliseu en face. Pour assister à une soirée DJ, à un concert (groupes portugais et internationaux), à un cabaret ou pour voir une expo. Il y a plein de bonnes raisons de gravir les 4 étages de l'ancien garage Passos Manuel ! Consultez la programmation. (Voir aussi « Se restaurer » p. 72).

Jui-Chi Chan/iStock

Visiter Porto la nuit.

Foz do Douro

De nombreux bars bordent l'Océan : agréables terrasses, baies vitrées, transats ; c'est l'occasion d'aller boire un verre au coucher du soleil, sur fond musical.

7 **Praia da Luz** – ***A2*** - *Av. do Brasil - 22 617 3234 - www.praiadaluz.pt - 9h-2h.* Ce bar-restaurant dispose d'une belle terrasse donnant sur la plage. ***Plan agglomération*** p. 12.

Vila Nova de Gaia

Espaço Porto Cruz – ***E8*** - *Largo Miguel Bombarda, 23 - 220 925 340.* Terrrasse lounge avec vue panoramique (*mar.-jeu. 12h30-0h30,vend.-sam.12h30-1h30, dim. 12h30-19h).* *« Se restaurer » p. 76.*

CLUBS ET BOÎTES

Le centre

6 **Eskada** – ***G2*** - *R. da Alegria, 611 - 915 932 806 - vend.-sam. 23h-6h.* Spot assez sophistiqué de la nuit portuane. Plusieurs espaces très modernes aux ambiances différentes donnent sur un patio lounge et des bassins. Ambiance internationale, soirées à thème et DJs réputés.

Se loger

Les prix indiqués dans le guide correspondent à une chambre double, pour deux personnes, en basse et en haute saison. S'ajoute à la note une **taxe de séjour** (2 €/pers./nuit à Porto).

Sur le site Internet de l'**office de tourisme de Porto** (www.visitporto.travel), vous trouverez une liste d'hébergements classés par types : pension, location d'appartement, *hostel*, chambre d'hôte, hôtel.

Locations d'appartements – Les sites Internet spécialisés sur Porto (www.visitporto.travel, www.feelporto.com et www.oportotouristapartments.com), ainsi que des sites plus

généraux comme www.homelidays.com, www.abritel.fr ou www.airbnb.fr proposent de nombreux studios ou appartements à louer pour un grand week-end, une semaine ou plus.

Repérez les adresses sur le plan détachable (à l'intérieur de la couverture) grâce aux pastilles numérotées (ex. 1). Les coordonnées en rouge (ex. C2) font référence à ce même plan.

PORTO

Le vieux Porto

De 50 à 80 €

18 **The Poets Inn Hostel** – **E5** - *R. dos Caldeireiros, 261 - 22 332 4209 - www.thepoetsinn.com - 10 ch. 50/80 € et un appart. 4 pers.* Très bien situé à côté de la Torre dos Clérigos, dans une ruelle pavée entre vieux Porto et Baixa, ce joli bâtiment rénové abrite des chambres simples et confortables, mêlant avec réussite le contemporain et l'ancien. Certaines disposent d'une salle de bains individuelle et d'un joli balcon. Cuisine et livres à disposition, ainsi qu'un agréable petit patio. Très bon rapport qualité-prix.

Plus de 190 €

17 **Pestana Vintage Porto** – **E7** - *Praça da Ribeira - 22 340 2300 - www.pestana.com - - 45 ch. et 3 suites à partir de 193 € - 36 €.* L'hôtel dresse sa façade jaune au bord du Douro avec une vue imprenable sur le fleuve et les chais de la rive opposée. Chambres très confortables et toutes différentes. Une situation idéale pour partir explorer les ruelles pittoresques de la Ribeira.

Le centre

De 50 à 90 €

11 **Moov Hotel Porto Centro** – **F5** - *Praça da Batalha, 32-34 - 22 040 7000 - http://hotelmoov.com - - 125 ch. 52/65 € - 7,50 €.* Cet ancien cinéma à la belle façade Art déco abrite un hôtel idéalement placé pour visiter le centre historique de Porto. Chambres impeccables et parfaitement isolées, décoration sur le thème du cinéma, agréable salon de repos au premier étage, petit-déjeuner varié et copieux font de l'Hotel Moov une adresse coup de cœur à un prix plus que raisonnable.

Une chambre du Poets Inn Hostel.

AND DARING.
LOST CAUSES, NOR
GOD'S OWN MAD LOVERS.
SERVING THEIR HEART-BEATS,
OF THEIR SPIRIT-MEDIOCRITY.
THE CALL OF THE WILD
LIFE AND BEYOND WICH LIFE CAN
THIS ECSTASY COMES WHEN ONE
FORGETU FORGETFULNESS
GETFULNESS OF LIVING, COMES
IN A SHEET OF FLAME; IT COM
FIELD AND REFUSING QUART
PACK, SOUNDING THE OLD
THE FOOD THAT WAS ALIVE
THROUGH

19 Tattva Design Hostel – **F6** - *R. do Cativo, 26-28 - ✆ 22 094 4622 - http://tattvadesignhostel.com - ♿ - 16 ch. (116 lits), dortoirs de 6 à 10 pers. (lits superposés), ch. familiales, et ch. doubles 54/80 €* ☕. À deux pas de la gare São Bento, cette auberge contemporaine mise sur le design et la convivialité. Chambres propres et très bien équipées : salle de bains dans chaque chambre, ventilateur, casier sécurisé individuel et autres détails pratiques bien pensés. Sympathiques espaces communs : cuisine en libre accès, salle de petits-déjeuners, agréable terrasse sur le toit pour boire un verre ou profiter du barbecue.

2 Yours Guesthouse – **E5** - *R. dos Caldeireiros, 131-135 - ✆ 22 203 3082 - http://yoursguesthouse.com - 8 ch. 51/90 €* ☕. Nichée dans une ruelle à 100 mètres de la torre dos Clérigos, une demeure de charme impeccablement rénovée. Chambres claires mi-design mi-tradition, certaines avec vue sur les toits de la ville, d'autres aménagées pour quatre ou six personnes (salle de bains sur le palier). Petit-déjeuner aux saveurs portugaises, en été dans le jardinet fleuri. Accueil plein de gentillesse. Une invitation au plaisir et à la détente.

De 70 à 130 €

25 Porto Charming Hotel – **G3** - *Rua da Firmeza, 101 - ✆ 22 537 1860 - http://porto-charme-hotel.hotels-porto-pt.com/en/- P - 14 ch. 71/97 €* ☕ *10 €*. Un sympathique hôtel à taille humaine, établi dans une rue calme à 400 m du centre animé. Les chambres sont claires, accueillantes, décorées avec sobriété et dotées d'une très bonne literie. Bon accueil et excellent petit-déjeuner.

3 Castelo Santa Catarina – **G1** - *R. Santa Catarina, 1347 - M Marquês, ligne D - ✆ 22 509 5599 - www.castelosantacatarina.com.pt - ▤ P - 25 ch. 90 €* ☕. Cette maison du 19ᵉ s., sorte de « folie » couverte d'azulejos, est située au calme sur les hauteurs de Porto. Accueil charmant et personnalisé. Si l'idée de monter 80 marches ne vous effraie pas, demandez la chambre 141, dans la tour, avec une vue à 360 degrés, ou bien la 122, avec ses meubles d'époque. Réservez dans la maison ancienne plutôt que dans les dépendances.

1 América – **G2** - *R. Santa Catarina, 1018 - ✆ 22 339 2930 - www.hotel-america.net - P - 22 ch. 95 €* ☕. Dans la partie haute de la rua Santa Catarina, cet hôtel a fait le choix du moderne. Chambres confortables au mobilier contemporain et parquet de bois clair.

5 Da Bolsa – **E6** - *R. Ferreira Borges, 101 - ✆ 22 202 6768 - www.hoteldabolsa.com - P ♿ - 34 ch. 90/115 €* ☕. Une adresse intéressante pour sa situation proche du quartier animé de la Ribeira. Belle façade du 19ᵉ s. Les chambres du dernier étage, plus chères, offrent de belles vues sur le fleuve, la cathédrale et les toits de Porto. Réduction de 15 % sur les réservations anticipées par Internet.

7 Grande Hotel de Paris – **E5** - *R. da Fábrica, 27-29 - ✆ 22 207 3140 - www.hotelparis.pt - 43 ch. 80/125 €* ☕. Cet hôtel, ouvert en 1877, a retrouvé sa splendeur passée. D'antiques objets décorent le salon : radio d'époque, machine à écrire, téléphones anciens, etc. La salle de déjeuner aux boiseries ciselées et aux vitres peintes, s'ouvre sur le jardin planté d'un citronnier et d'un cactus centenaire. Les chambres, aux salles de bains modernes, sont décorées de meubles anciens. Optez pour celles qui donnent sur l'arrière, plus vastes et avec vue. Petit bar équipé d'un volumineux réfrigérateur des années 1950. Accueil polyglotte et piano à disposition pour ceux qui seraient tentés.

8 **Grande Hotel do Porto** – ***F4*** *- R. Santa Catarina, 197 - 22 207 6690 - www.grandehotelporto.com - P - 94 ch. et 5 suites 67/132 € - formule déj. 18 € - dîner à la carte env. 25 €.* Bien qu'ayant perdu de sa splendeur, ce grand hôtel conserve le charme de la Belle Époque, surtout dans ses salons et dans le restaurant décoré façon Grand Siècle. Les chambres sont aménagées dans un style plus fonctionnel et moderne.

De 75 à 160 €

9 **Eurostars das Artes** – ***D4*** *- R. do Rosário, 160 - 22 207 1250 - www.eurostarshotels.fr - P - 89 ch. 75/155 €.* À deux pas de la rua Bombarda, cet hôtel est un excellent point de départ pour la visite des musées (Museu Soares dos Reis, Museu Romântico) ou pour se rendre au Palacio de Cristal. Élégantes chambres parquétées dans les tons beige et chocolat. Agréable salle de petit-déjeuner donnant sur un jardin verdoyant. L'accueil est efficace et aux petits soins. Parking privé.

10 **Hotel Teatro** – ***F5*** *- R. Sá da Bandeira, 84 - 22 040 9620 - www.hotelteatro.pt - P - 74 ch. 100/160 € - 50/80 €.* Cet hôtel très design à la décoration unique, dans les tons bronze et or, sur le thème du théâtre, cultive une atmosphère cosy toute particulière. Tout est soigné dans les moindres détails. Son restaurant gastronomique, le Palco, est réputé pour sa cuisine internationale ou encore traditionnelle revisitée. Décor raffiné, restauration de qualité et excellentes prestations.

GUIMARÃES

De 55 à 150 €

7 **Mestre d'Avis** – *R. D. João I, 40 - 253 422 770 - www.hotelmestredeavis.pt - P - 15 ch. 55/150 €.* Près du centre historique, derrière la façade en granit d'un immeuble ancien, se cachent des chambres accueillantes, bien tenues et confortables, dont une avec une petite terrasse. Œuvres d'art et décoration originale ajoutent du charme à ce petit établissement à taille humaine où l'accueil est très chaleureux et francophone.

10 **EMAJ Boutique Hotel** – *Largo do Toural, 116 - 253 540 640 - www.guimaraesemajboutiquehotel.com - P - 18 ch. et suites 70/110.* Difficile de trouver mieux situé avec, en prime, l'opportunité rare de dormir… dans une banque ! L'opulent bâtiment de la Banco Nacional Ultramarino, magnifiquement restauré, a conservé son hall fastueux accueillant le

lobby, tandis que les pièces des étages sont devenues autant de chambres toutes différentes, au décor design très réussi et apaisant. Petit-déjeuner exceptionnel. Excellent rapport qualité-prix.

Amarante

De 50 à 75 €

Des Arts Hostel & Suites – *Rua Cândido dos Reis, 53 - ☎ 255 095 951 - www.hosteldesarts.com - 57 ch. et dortoirs de 4 à 12 lits - 57/72 € la ch. double* ☕. Dans une belle et haute bâtisse bleue et blanche, des logements pour toutes les bourses avec comme dénominateurs communs une propreté impeccable, une décoration de bon goût et une literie confortable. L'été, possibilité de prendre le délicieux petit-déjeuner sur la terrasse dominant le Tâmega ou de siroter un cocktail en soirée en profitant de l'ambiance conviviale.

LA VALLÉE DU DOURO

Lamego

De 80 à 100 €

Quinta da Timpeira – *Penude - 5100-718 Penude - sur la route de Viseu, à env. 2,5 km, suivez l'indication « turismo rural » - ☎ 254 612 811 - www.quintadatimpeira.com -* P *- 7 ch. 80/95 €* ☕. Au creux des vignobles, cette ancienne exploitation agricole délivre un beau panorama sur les montagnes de Meadas. Ses petites chambres immaculées, au mobilier rustique, sont confortables. On prend le petit-déjeuner sur la terrasse en contemplant le paysage. Accueil charmant. Repas sur demande (25 €).

Plus de 150 €

Hotel Rural Casa Viscondes da Várzea – *Várzea de Abrunhais - 5100-878 Lamego - (dir. Tarouca) - ☎ 254 690 020 - www.hotelruralviscondesvarzea.com -* P *- 36 ch. 165 €* ☕ *-* ✕. Dans une propriété vinicole de 180 ha dominant la vallée, comme au bout du monde, une demeure cossue du 17e s. où se succèdent des salons aux grandes cheminées couronnées de beaux plafonds. Dans les chambres spacieuses, grands lits en fer forgé, miroirs dorés et tissus à motifs fleuris. Chapelle privée du 18e s. Tennis.

Vila Real

De 80 à 100 €

Mira Corgo – *Av. 1 o de Maio, 76-78 - 5000-651 Vila Real - ☎ 259 325 001 - www.hotelmiracorgo.com - - 166 ch. 80/100 €* ☕. Grand édifice en lisière du centre-ville, moderne et sans charme particulier. Il dispose de chambres vastes et confortables très bien équipées, refaites à neuf début 2017. Les chambres sur l'arrière donnent sur la profonde échancrure du Corgo. Grande piscine, discothèque le sam. soir.

Des Arts Hostel à Amarante.

1
PASSEIO ALEGRE
216

Porto pratique

La ligne 1 du tramway.

K. Kozlowski / age fotostock

Préparez votre voyage

FORMALITÉS D'ENTRÉE

Pièce d'identité obligatoire – Carte d'identité ou passeport en cours de validité.
Visa – Les ressortissants de l´Union européenne et les Suisses n'en ont pas besoin.
Douane – En vertu de l'accord de Schengen, aucun contrôle n'est effectué lors du passage de la frontière avec l'un des États de l'Union européenne. Si vous arrivez d'un pays ne faisant pas partie de l'Union européenne, vous devez passer la douane et déclarer les marchandises que vous apportez. La réglementation concernant les importations (alcools, cigarettes, etc.) est la même dans toute l'Europe.

SE RENDRE À PORTO EN AVION

Aeroporto Dr Francisco Sá Carneiro – Sur l'EN 107, à 14 km au nord-ouest de Porto - ✆ 229 432 400 - www.aeroportoporto.pt.
« Arriver à Porto » p. 3.
Compte tenu de l'importante fréquentation que connaît Porto, il est conseillé de réserver les billets plusieurs mois à l'avance, tout particulièrement en août, lorsque s'ajoute aux touristes l'afflux des Portugais résidant à l'étranger.
Temps de vol : Paris-Porto 2h10 ; Bruxelles-Porto 2h30.

Compagnies aériennes

Sauf mention contraire, les informations ci-dessous n'indiquent que les vols directs, en saison.
Aigle Azur – www.aigle-azur.com. Depuis Paris-Orly, 4 vols/j. pour Porto.
Brussels Airlines – www.brusselsairlines.com. Au départ de Bruxelles Zaventem, 2 vols directs/j.
Easy Jet – www.easyjet.com. Vols quotidiens vers Porto depuis Bâle-Mulhouse, Genève, Lyon, Nantes, Paris CDP et Toulouse ; plusieurs vols hebdomadaires depuis Luxembourg et Nice (en hiver seult).
Ryanair – www.ryanair.com. Liaisons quotidiennes ou pluri-hebdomadaires au départ de Bordeaux, Bruxelles-Charleroi, Bruxelles-Zaventem, Carcassonne, Clermont-Ferrand, Dole, La Rochelle, Lille, Lorient, Marseille, Paris-Beauvais, Strasbourg et Tours.
Swiss – www.swiss.com. 2 vols/j. depuis Zurich et 1 à 2 vols/j. depuis Genève.
TAP Air Portugal – www.flytap.com. L'été, 3 vols/j. depuis Paris-Orly ; plusieurs vols quotidiens, directs ou *via* Lisbonne, depuis Bruxelles, Genève ou Zurich.
Transavia – www.transavia.com. 4 à 5 vols/j. depuis Paris-Orly ; un vol quotidien depuis Lyon et 6 liaisons/sem. au départ de Nantes.
Vueling – www.vueling.com. Un vol/j. depuis Paris-Orly.

Conseil – Pensez à consulter les comparateurs de vols : www.easyvols.fr, www.liligo.fr, www.skyscanner.fr, etc. Il reste toutefois préférable d'acheter son billet directement auprès des compagnies aériennes.

Voyagistes

Allibert trekking – www.alibert-trekking.com. Randonnée dans l'Alto Minho, le long de la côte atlantique et découverte de Porto (8 j.); séjour Porto-Minho et Douro avec guide culturel (8 j.).

La Balaguère – www.labalaguere.com. Séjour d'une semaine, en liberté ou en groupe accompagné, randonnée dans le parc national Peneda-Gêres, à la frontière nord, et visite de Porto.

Chamina – www.chamina-voyages.com. Séjour d'une semaine en randonnée dans la vallée du Douro et visite de Porto.

Comptoir des voyages – www.comptoir.fr. Séjour découverte « au fil du Douro » (7 j.).

Terres d'Aventure – www.terdav.com. Randonnée « Porto et vignobles du fleuve d'or » (8 j.).

Voyageurs du Monde – www.voyageursdumonde.fr. Séjours thématiques ou à la carte à Porto et dans la vallée du Douro (4 j. ou plus).

Wine Passport – www.winepassport.fr. Le spécialiste du voyage œnologique : « Dans les coulisses des vendanges du porto » (3 j.) et « Les secrets du porto » (3 j.).

SE RENDRE À PORTO EN TRAIN

De Paris – www.oui.sncf.
Trajet long et compliqué : près de 20h avec 2 changements, à Irun et Coimbra.
« Arriver à Porto » p. 3 *et le site des chemins de fer portugais (en anglais et en portugais) : www.cp.pt.*

ARGENT

Cartes de paiement – Visa, Premier, Eurocard, Mastercard, American Express sont largement répandues à Porto, et acceptées par de nombreux hôtels, restaurants, boutiques et *multibancos* (distributeurs automatiques de billets). Attention : de nombreux petits restaurants et certaines pensions refusent ce mode de paiement. Quand l'option rachat de franchise n'est pas souscrite directement auprès d'elles, certaines sociétés de location de voiture bloquent une somme importante à titre de caution sur votre carte de crédit : contactez votre banque pour relever le plafond de vos paiements à l'étranger.
« Banques » p. 102.
Pensez à demander à votre agence bancaire le numéro à composer de l'étranger pour faire **opposition** si besoin est.
Encadré « Pas de panique ! » p. 103.

SAISONS ET CLIMAT

Tempéré maritime, le climat de Porto reste relativement doux et ensoleillé toute l'année. Le ciel est toutefois parfois gris et l'air chargé de l'humidité des embruns de la

côte toute proche. Les températures oscillent entre 14 et 30 °C l'été et entre 5 et 14 °C l'hiver.
Printemps – C'est une très bonne saison pour visiter Porto et le Nord. Les petits jardins et les parcs se parent de fleurs, les paysages sont verdoyants et l'affluence touristique est réduite. Au mois d'avril, la ville s'anime durant la semaine sainte. Seul hic, les paysages de la vallée du Douro ne donnent pas toute la mesure de leur beauté, les vignes étant encore dépourvus de feuilles.
Été – Porto s'enfièvre en juin, à l'occasion de la fête patronale de la Saint-Jean, qui se déroule dans la nuit du 23 au 24 juin. C'est la meilleure saison pour profiter des plages. Les températures sont agréables sur Porto mais extrèmement élevées dans la vallée du Douro.
Automne – Les paysages du Nord, où poussent vignes et châtaigniers, prennent de somptueuses tonalités rouge et ocre. La vallée du Douro s'affaire au moment des vendanges (fin sept.) : la période est propice à la visite, mais la circulation est plus difficile sur les petites routes.

SANTÉ

Demandez à votre caisse votre **carte européenne d'assurance-maladie** au moins quinze jours avant votre départ, ce qui évite d'avancer certains frais. À défaut, une attestation provisoire vous sera directement délivrée en ligne sur www. ameli.fr.
(*En cas de problème sur place, voir « Santé » p. 105 et l'encadré « Pas de panique ! » p. 103*).

TÉLÉPHONE

Pour appeler à Porto depuis l'étranger – Composer le 00 (international) + 351 (indicatif du Portugal) puis les 9 chiffres de votre correspondant.
Sur place, voir « Téléphone » p. 105.
Téléphone portable – Depuis la suppression des frais d'itinérance dans l'Union européenne, aucun surcoût n'est à prévoir sur vos communications. Vérifiez auprès de votre fournisseur si vos appels effectués depuis l'étranger s'intègrent ou non à votre forfait.

POUR EN SAVOIR PLUS

Vous trouvez tous les contacts et informations sur le site très complet de l'office du tourisme du Portugal : **www.visitportugal.com**. Il permet de télécharger des brochures, plans, podcast, trouver un hébergement, découvrir une présentation de Porto et de la région Nord, etc.
www.visitporto.travel : site du département municipal du tourisme de Porto.Nombreuses informations très utiles, téléchargement de cartes, d'idées d'itinéraires et de brochures thématiques (shopping de luxe, Porto juif, patrimoine et vin, etc.); service de *live chat* (9h-18h).
www.cm-matosinhos.pt : site de la municipalité de Matosinhos (en anglais).
www.douroalliance.org : renseignements sur Vila Real, Peso da Régua et Lamego (en anglais).
www.ivdp.pt : site officiel de l'Institut du vin du Douro et de Porto.

Indispensable aux amateurs des vins de la vallée du Douro.
www.dourohistorico.pt : informations pratiques, idées de randonnées, itinéraires dans la vallée du Douro... (en portugais, prochainement en anglais).
www.portoenorte.pt : hébergement et restauration, activités et événements dans l'ensemble du Nord du Portugal (en anglais).
www.helloguideoporto.com : guide très complet sur la ville (lieux à visiter, excursions et activités nature dans les envitons, idée-séjour « romance à Porto », etc.).

OFFICES DU TOURISME DE PORTO

Les numéros de téléphone ci-dessous sont à composer depuis Porto.
Le **département municipal du tourisme de Porto** met à disposition une documentation de qualité, à commencer par l'indipensable carte *Mapa turístico oficial*. Certains médias d'informations gratuits, comme le journal hebdomadaire *Hey Porto*, y sont aussi distribués.
www.visitporto.travel
Posto de turismo Centro – Rua Clube dos Fenianos, 25 (en haut à gauche de l'av. dos Aliados) - Ⓜ Trindade ou Aliados - ✆ 223 393 472 - nov.-avr. 9h-19h, mai-oct. 9h-20h (21h en août). Principal bureau de Porto.
Posto de turismo Sé – Calçada D. Pedro Pitões - Torre Medieval, 15 - nov.-avr. 9h-19h, mai-oct. 9h-20h.
iPoint Aliados – Praça da Liberdade (kiosque), côté rua Sampaio-Bruno - nov.-avr. : lun.-vend. 9h30-17h (quand le temps le permet), mai-oct. : tlj 9h30-18h30.
iPoint Ribeira – Praça da Ribeira - avr.-oct. 10h30-19h.
iPoint Campanhã – Gare ferroviaire Campanhã au niveau de la billeterie - plate-forme interactive de sept. à mai, juin-août, 9h30-18h30.
IPoint Santa Catarina – Rua Santa Catarina, 73 - lun.-sam. 10h-21h, dim. 11h-20h (jusqu'au 15 sept.).
Kiosque de l'aéroport – (*« Arriver à Porto » p. 3*).

OFFICE DU TOURISME DE VILA NOVA DE GAIA

Centro Histórico – Av. Diogo Leite, 135 - ✆ 223 758 288 - www.cm-gaia.pt - avr.-sept. : tlj 9h30-19h ; oct.-mars : lun.-sam. 10h-18h. Mise à disposition d'une carte touristique de Gaia répertoriant les caves.

OFFICE DU TOURISME DE GUIMARÃES

Posto de Turismo – Praça de São Tiago ✆ 253 421 221 - www.guimaraesturismo.com - lun.-vend. 9h30-18h, sam. 10h-13h, 14h-18h, dim. et j. fériés 10h-13h.

Votre séjour de A à Z

BANQUES

Il y en a dans toute la ville, et la plupart des banques sont représentées dans la Baixa. Très courants, les distributeurs automatiques de billets, appelés *multibancos*, acceptent la plupart des cartes de crédit.
« Argent » p. 99 et « Horaires » ci-contre.

CONSIGNES

Des consignes automatiques sont disponibles à la **gare de São Bento** ainsi que dans les couloirs du métro des stations **Trindade** et **Aliados**; ouv. 6h-1h; 3 tailles de casiers, 1 à 2 € pour 1h, 3,50 à 5,50 € jusqu'à 12h, 4,50 à 7,50 € pour 24h.

CONSULATS (REPRÉSENTATIONS DIPLOMATIQUES)

Agence consulaire à Porto – TAMET S.A., rua Capela do Telheiro nº 70, 4465 054 São Mamede de Infesta - 393 91 00 - www.ambafrance-pt.org. Accueil du public : lun., merc. et vend. 15h-17h30.
Consulat de Belgique – Largo do Adro, 9 - 4050-016 Porto - 226 076 800.
Consulat de Suisse – Rua da Ponte, 882, 2° Dto - 4435-402 Rio Tinto - 224 853 650.

DÉCALAGE HORAIRE

Été comme hiver, le décalage horaire entre le Portugal et la France est d'une heure : lorsqu'il est 13h à Paris, il est 12h à Porto.

ÉLECTRICITÉ

220 volts/50 Hz. Les prises sont de type continental avec deux fiches rondes, semblables aux prises françaises.

HORAIRES

Banques – Les guichets sont généralement ouverts en continu de 8h30 à 15h, du lundi au vendredi. Beaucoup disposent de guichets automatiques, ouverts 24h/24.
Magasins – En général ouverts de 9h à 13h et de 15h à 19h, ils ferment le dimanche et parfois le samedi après-midi. Les centres commerciaux sont pour la plupart ouverts tous les jours de 10h à 22h, voire minuit. *« Nos adresses/Shopping » p. 82.*
Pharmacies – Elles sont ouvertes du lundi au vendredi de 9h à 13h et de 15h à 19h, et le samedi matin. Quelques-unes sont ouvertes 24h/24, de même que les pharmacies de garde *(farmácias de serviço).*
« Santé » p. 105.
Postes – En général ouvertes du lundi au vendredi, de 9h à 18h, le samedi de 10h à 13h. La poste centrale a des

horaires élargis (*« Poste » p. 104*).
« Restauration » et « Transports en commun ».

JOURS FÉRIÉS

Le 1er janvier – Nouvel An.
Février – Mardi gras, date variable.
Mars-avril – Vendredi saint, date variable.
60 jours après Pâques – Fête-Dieu.
Le 25 avril – Anniversaire de la révolution des Œillets, fête de la Liberté.
Le 1er mai – Fête du Travail.
Le 10 juin – Fête nationale : mort de Camões et fête des Communautés portugaises.
Le 24 juin – Fête patronale de São João (Saint-Jean), saint patron de Porto.
Le 15 août – Assomption.
Le 5 octobre – Fête de la République.
Le 1er novembre – Toussaint.
Le 1er décembre – Restauration de l'indépendance.
Le 8 décembre – Immaculée Conception.
Le 25 décembre – Noël.
« Agenda culturel », p. 110.

LEXIQUE

p. 136.

PORTO CARD ET BILLETS JUMELÉS

Porto Card – Valable 1 jour (13 € avec métro et bus ; 6 € sans transport), 2 jours (20 € ; 10 €), 3 jours (25 € ; 13 €) ou 4 jours (33 € ; 15 €) – une réduction de 5 % est appliquée pour l'application Smartphone – elle offre des réductions dans de nombreux musées et monuments ; des voyages illimités (si mode transport souscrit) dans les bus de la STCP, le métro (mais pas le tramway ni le funiculaire), et certains trains régionaux ; des rabais dans de nombreux restaurants et magasins ainsi que sur certains spectacles, croisières, visites de caves, location de voiture ou tours en bus. La carte est en vente dans les offices de tourisme, à l'aéroport et à la gare São Bento (guichets nova câmbio) ainsi que dans certains hôtels.
www.visitporto.travel.
Billets jumelés – Ils permettent de faire de substantielles économies. Fundação de Serralves + visite guidée du Palácio da Bolsa (15,30 €) ; Fundação de Serralves + Torre dos Clérigos (12 €) ; Fundação de Serralves + visite guidée de la Casa da Música (16 €) ; Fundação de

Pas de panique !

Aéroport – 229 432 400.
Appel d'urgence européen – 112.
Police du tourisme de Porto (perte ou vol) – R. Clube dos Fenianos, 11 (à côté du posto de tourismo Centro) - 222 081 833.
Perte/vol cartes bancaires :
American Express – (00 33) 01 47 77 72 00 (n° en France).
Visa – 800 811 824 (n° gratuit, centre local portugais).
Master Card – 800 811 272 (n° gratuit, centre local portugais).

Serralves + visites guidées de la Casa da Música et du Teatro Nacional São João (20 €, enf. 5 €) ; Fundação de Serralves + Sea-Life (18,40 €). Visite guidée du Palácio da Bolsa + Museu da Misericórdia + Torre dos Clérigos (14 €) ; enf. : réduction d'env. 70 % pour l'ensemble de ces billets combinés.

POSTE

On trouvera les bureaux de poste *(correios)* à l'enseigne rouge et blanche CTT (*« Horaires » p. 102*).
Poste centrale – **EF-4** - Praça G. Humberto Delgado - 222 400 202 - lun.-vend. 8h-21h, sam. 9h-18h. La **poste de l'aéroport** de Porto est ouverte 24h/24.

Timbres – Les timbres *(selos)* sont en vente dans les bureaux de poste, les marchands de tabac et la plupart des kiosques à journaux. Délai d'acheminement vers la France : quatre jours minimum (inscrivez *via aérea*, « par avion »). Pratiques, de grandes bornes rouges installées dans la ville font office de distributeur de timbres et de boîte aux lettres.

POURBOIRE

Le service est inclus mais il est d'usage de laisser un pourboire d'environ 10 % du montant de l'addition.

PRESSE

Les principaux **quotidiens** sont le *Diário de Notícias*, le *Correio da Manhã* et le *Público*. Les hebdomadaires sont l'*Expresso*, le plus lu, et *O Independente*. Pour connaître les publications proposant le calendrier des événements culturels, *« Nos Adresses/Sortir » p. 87*.

RESTAURATION

« Se restaurer » p. 70.
Horaires – L'*almoço* (déjeuner) est servi entre 12h et 14h30. Le *jantar* (dîner) se prend entre 19h et 22h.
Prix – Dans certains restaurants modestes, les plats sont proposés en demi-portion *(meia dose)*, déjà copieuse, ou en portion entière *(dose)*, qui peut convenir à deux personnes.
Réservation – Du fait de l'affluence touristique, surtout le w.-end, il est vivement conseillé de réserver sa table à l'avance.
Usages particuliers – Avant que ne débute le repas, on vous apportera des petits hors-d'œuvre *(acepipes)* composés de fromage, jambon cru, *chouriço*, olives, pâté de thon, etc. Attention, s'ils sont consommés, ils s'ajouteront à la note. Si vous n'en voulez pas, dites-le simplement au serveur.
La plupart des restaurants facturent le beurre, le pain, voire le couvert. La carafe d'eau n'existant pas, il vous faudra commander de l'eau en bouteille.
Pour les poissons, les tarifs peuvent indiquer le prix au kilogramme : n'hésitez pas, dans ce cas, à demander le poids et le prix du poisson que vous choisissez sur le présentoir.

SANTÉ

Les **pharmacies** *(farmácias) sont* reconnaissables à leur croix blanche sur fond vert. La liste des pharmacies de garde est affichée sur la porte des pharmacies, et disponible sur www.farmaciasdeservico.net (en portugais).
Hôpital (urgences adultes) – Hospital de Santo António - ***D5*** - Largo Prof. Abel Salazar - ✆ 222 077 500.
En cas d'urgences, composez le **112** ou le 226 078 220 (police).

SAVOIR-VIVRE

Les Portugais sont accueillants, d'un abord facile. Ils seront heureux de faire découvrir leur ville et leur culture s'ils sentent chez vous une véritable curiosité, d'autant que certains parlent français. Rien de plus facile que d'établir le contact dans les *tascas*, ces restaurants populaires où la cuisine, bien que simple, est souvent de qualité, et où les relations se nouent rapidement.

SÉCURITÉ

Ne laissez rien en évidence dans votre véhicule, surtout la nuit. Les vols à la roulotte sont fréquents.

TABAC

Il est interdit de fumer dans les transports en commun et les bâtiments publics (administrations, musées, etc.). Les bars et les restaurants sont pour la plupart non-fumeur ou disposent de deux zones séparées.

TAXIS

Nombreux et moins onéreux que dans la plupart des autres villes d'Europe, ils constituent un bon moyen de déplacement dans Porto. Une lumière verte s'allume à côté de l'enseigne s'ils sont libres. La plupart des grandes places de la ville sont équipées d'une borne. Pour les courses en ville, le prix est affiché au compteur. Hors du périmètre urbain, le prix est calculé selon un barème kilométrique. Vous payerez donc la somme indiquée sur le taximètre. Pour joindre un taxi par téléphone : ✆ 225 073 900/076 400.

TÉLÉPHONE

Depuis l'étranger

« Téléphone » p. 100.

Depuis Porto vers l'étranger

Pour appeler l'étranger, composer le 00 (international) + indicatif du pays (33 pour la France, 32 pour la Belgique, 41 pour la Suisse, 352 pour le Luxembourg) + numéro du correspondant (sans le premier 0 pour la France, la Belgique et la Suisse).

De Porto à Porto

Il faut composer l'intégralité du numéro, avec l'indicatif régional, soit 9 chiffres où que vous soyez. Les numéros commençant par 800 (ligne verte) sont gratuits, ceux qui commencent par 808 (ligne bleue) sont facturés au prix d'un appel local. Les n[os] de portable commencent par 9.

TRANSPORTS EN COMMUN

Plan des transports en commun au dos du plan détachable.

Bon à savoir : le vieux-Porto et le centre (Baixa) se visitent facilement à pied malgré le relief. Les sites et monuments étant très rapprochés, vous utiliserez très peu les transports en commun dans ces quartiers. Prévoyez des chaussures confortables !

Si vous avez l'intention de faire beaucoup de visites, la **Porto Card** peut s'avérer intéressante *(p. 103)*.

Titres de transport – Les cartes magnétiques rechargeables **Andante** *(0,60 €)* peuvent être utilisées dans le métro et/ou le bus selon le mode de chargement choisi. Optez pour le **chargement multimodal**, sinon vous devrez utiliser tous vos titres (métro ou bus) avant de pouvoir changer de mode de transport. Tarifs dégressifs en fonction du nombre de trajets chargés (à partir de 1,20 € le trajet pour 2 zones). Attention au choix des zones. En vente à l'aéroport, à l'office de tourisme central, dans les « lojas Andante », à la gare de São Bento, dans certains guichets STCP et dans les billetteries du métro. Prévoyez de la monnaie car les distributeurs n'acceptent pas toujours les billets.

Il est toujours possible d'acheter une carte pour un trajet à l'unité dans les bus (1,95 €) et les trams (3 € ; 10 € valable 2 j.).

Andante Tour – Deux pass permettent de voyager de façon illimitée en métro, bus et certains trains urbains (mais pas dans les tramways) : Andante Tour 1 (valable 24h après la 1re validation - 7 €) et Andante Tour 3 (valable 72h après la 1re validation - 15 €). En vente à l'office de tourisme Centro et dans les boutiques Andante. Une autre formule permet de bénéficier de tarifs spéciaux de parking.

Métro

Les 6 lignes de métro de Porto sont identifiées par une lettre (de A à F) et une couleur. La ligne D (jaune), reliant le centre ancien à Vila Nova de Gaia, est la seule à traverser le Douro et la plus intéressante pour visiter le centre, avec les stations Trindade (la plus importante en matière d'interconnexions), Aliados, São Bento et Jardim do Morro (juste après le pont D. Luís I). La tarification varie selon le nombre de zones traversées.

Informations – www.metrodoporto.pt (en anglais).

Horaires – Tlj de 6h à 1h.

Autobus (Autocarros)

Porto compte de nombreuses lignes de bus *(autocarros)* gérées par la STCP. Il existe aussi une dizaine de bus de nuit (*rede da madrugada*, sigle « M »). Il est posssible d'acheter un ticket dans le bus, 1,95 €.

La STCP propose 3 circuits touristiques en bus panoramique (*« Visites guidées »*, p. 108).

Informations – www.stcp.pt (en anglais).

Navette fluviale Flor do Gás

Il assure la traversée entre les deux rives du Douro : du quai do Ouro à Porto, vers Afurada à Vila Nova de Gaia. 9h-22h en été, 9h-18h en hiver (selon la météo), ttes les 15mn environ (à 15mn et 45mn sur le quai do Ouro, à 30mn et à l'heure à Afurada) ; 1,50 € (vélo 1 €).

Tramway (Eléctrico)

Ligne 1 : dép. au pied de l'église São Francisco jusqu'à Foz do Douro, 9h30-19h55 ; **ligne 18** : dép. devant l'église do Carmo jusqu'au bord du Douro ; **ligne 22** *(boucle)* : dép. en haut du funiculaire dos Guindais jusqu'à l'église do Carmo. **Circuit touristique :** (*« Visites guidées », p. 109*).

Téléphérique

Le **Teleférico de Gaia** relie en 5mn les Cais de Gaia au Jardim do Morro, en haut du pont D. Luís I, sur la rive de Vila Nova de Gaia.
Informations – www.gaiacablecar.com (en portugais).
Horaires – fin avr.-fin sept. : 10h-20h, fin mars-fin avr. et fin sept.-fin oct. : 10h-19h, fin oct.-fin mars : 10h-18h - 6 € ou 9 € AR (enf. 50 % réduction).

Funiculaire (Funicular)

Funicular dos Guindais – Batalha-Ribeira, av. Gustavo Eiffel - août : 8h-0h ; mai-juil. et sept.-oct. : dim.-merc. 8h-22h, jeu- sam. 8h-0h ; nov.-avr. : 8h-20h - 2,50 €.

Train (Comboio)

Dans les environs de Porto, Braga (env. 1h de trajet) et Guimarães (1h10 de trajet), sont facilement accessibles en train (un train par heure en moyenne).
« Arriver à Porto » p. 3.
Horaires et tarifs sur www.cp.pt (en anglais).

Bus régionaux

Garagem Atlântico – ***FG-6*** - Rua Alexandre Herculano - 222 006 954 (point de vente sur place), 707 223 344 (« contact center ») - www.rede-expressos.pt. Gare routière du centre-ville, fréquentes liaisons avec de nombreuses villes à travers le Portugal, dont Guimarães (1h de trajet).

VÉLO

En raison du relief accidenté, le vieux Porto n'est pas très praticable à vélo, en revanche, se promener à bicyclette le long des rives du Douro est très agréable. La ville dispose de deux pistes.
Sur la rive sud, une piste longe le fleuve jusqu'à son embouchure (c'est au début un large trottoir partagé avec les piétons) qui se poursuit le long des plages sur une quinzaine de kilomètres.
Sur la rive nord, la piste débute à hauteur de la rua de Monchique et continue jusqu'à Foz do Douro et Matosinhos.
Procurez-vous auprès de l'office du tourisme de Porto le plan gratuit des circuits sur lequel sont tracées les pistes cyclables.
Vieguini – ***D6*** - R. Nova de Alfândega, 7 - 914 306 838 - www.vieguini.pt (en anglais) - 9h-19h. Des vélos de qualité avec l'équipement que vous souhaitez (casque, tendeur, siège enfant, plan) ; tandems et scooters également. Emplacement pratique – sur la rive du Douro, juste après le départ du tramway 1 – pour filer vers Foz do Douro et bon accueil. Vélo adulte, 12 € les 24h.

Porto Rent a Bike – ***F7*** - Av. Gustavo Eiffel, 280 (près du funicular dos Guindais) - 222 022 375/913 104 024 - www.portorentabike.com (en anglais) - avr.-oct. : 10h-14h, 15h-19h ; nov.-mars : 9h-13h, 14h-18h. Location de vélos adultes (15 € les 24h), tandems, vélos électriques ; tarif dégressif, petit matériel inclus. Visite guidée de la ville à bicyclette (3h).

Fold'n'Visit – Rua Alferes Malheiro, 139 - M° Trindade - 220 997 106/915 316 999 - www.topbiketoursportugal.com (en anglais). Plusieurs types de vélos en location, tour guidé de Porto à bicyclette ou à pied (3h).

VIN ET PORTO

 Pour visiter les chais des établissements producteurs de porto, renseignez-vous dans les offices de tourisme et à l'Associação das Empresas de Vinho do Porto (AEVP) - R. Dr António Granjo, 207 - Vila Nova de Gaia - www.cavesvinhodoporto.com. On vous remettra une carte répertoriant les chais.

Les caves se visitent tlj en avr.-oct. de 9h30/10h à 17h/18h, parfois avec une coupure à l'heure du déjeuner. Certaines d'entres elles n'ouvrent que sur RV hors saison. Les visites sont généralement payantes.

Descriptif des visites de caves, *« Vila Nova de Gaia » p. 43.*

A. A Cálem – https://tour.calem.pt.

A. Ramos Pinto – www.ramospinto.pt.

Cockburn's Port – 913 007 950 - www.cockburns.com.

Ferreira – www.sograpevinhos.com.

J. W. Burmester – https://sogevinus.com.

Offley Forrester – www.sograpevinhos.com.

Real Ca. Velha – www.realcompanhiavelha.pt.

Rozès – www.rozes.com.pt.

Sandeman – www.sandeman.com.

W & J Graham's – www.grahams-port.com.

Wiese & Krohn – krohn.pt.

C. Da Silva – www.cdasilva.pt.

C. N. Kopke – https://kopke1638.com

Quinta do Noval – www.quintadonoval.com.

Espaço Porto Cruz – www.myportocruz.com.

Institut des vins du Douro et de Porto (IVDP) – ***E6*** - Loja de Vinhos do Douro e do Porto – Rua Ferreira Borges, 27 - 222 071 669 - www.ivdp.pt - lun.-vend. 11h-19h., fermé w.-end et j. fériés. Visites guidées, 5 €. La visite de l'institut permet de découvrir les espaces où sont effectués les essais en laboratoire et les tests sensoriels nécessaires à la certification des vins du Douro et de Porto, on rejoint ensuite la salle de dégustation et l'espace vente (vaste gamme de vins).

VISITES GUIDÉES

Bureaux officiels du tourisme de Porto - 223 393 472 (*adresses p. 101*). Les différents offices de tourisme, dont le **Posto de turismo Centro**, peuvent se charger d'organiser des transferts de l'aéroport et de réserver des sites (caves, institut des vins du Douro et de Porto, etc.), des hébergements ainsi que des circuits touristiques dans la ville et la région. On peut acheter sur place des billets à tarif réduit pour le musée du Tramway, World of Discoveries, la Fundação Serralves, Sea Life Porto, les croisières, les tours en hélicoptère, etc.

À vélo

« Vélo » p. 108.

En bus ou en tramway

Tour de la ville en bus – Trois compagnies, **City Sightseeing**, **Yellow City Cruises** et **Bluebus City Tours** proposent des circuits touristiques en bus panoramique dans le centre historique, le long du Douro jusqu'au Castelo do Queijo et dans Vila Nova de Gaia. Les billets, valables 1 j. *(15 €)* ou 2 j. *(17 €)* permettent de descendre et monter à l'envi. Arrêts desservis ttes les 30 à 60mn selon les parcours. Vente des billets à bord.

Tour de la ville en tramway – Porto Tram City Tour - www.portotramcitytour.pt. Kiosques d'information et vente de billets tout au long du parcours entre Infante et Batalha Guindais, en haut du funiculaire. Semblable à la formule des bus panoramiques, celle-ci permet de grimper et descendre des trams au fil de vos visites (lignes 1, 18 et 22, *« Eléctrico » p. 107*). Billet individuel 3 € par trajet, 10 € (5 € enf.) valable 48h.

Croisières sur le Douro

Les formules sont nombreuses et durée variables, incluant ou non une visite de cave. Dép. du quai de la Ribeira ou du quai Amarelo à Vila Nova de Gaia. Pour connaître toutes les offres de croisières sur le Douro et les tarifs : www.roteirododouro.com.

Douro Azul – R. Infante D. Henrique, 63 - ✆ 223 402 500 - www.douroazul.com. L'une des plus anciennes compagnies. On peut également acheter les billets pour les croisières dans les bureaux officiels du tourisme de Porto (*adresses p. 101).* Différentes formules : croisières 1 j. (12 €), croisière 1 j + visite de cave (17 €) ; croisière 2 j. + retour en autocar (18 €) ; à partir de 12 € ; départs tlj 9h30-18h du quai Amarelo à Vila Nova de Gaia.

Yellow City Cruises – www.yellowbustours.com. Croisière des 6 ponts (10h30-18h30 ; oct.-mars 16h30 - durée 50mn ; 28 €, 10 % de réduction sur Internet).

Douro Verde Turismo – **Régua**, kiosque sur les quais - ✆ 254 322 858 - www.douroverde.com. Plusieurs croisières au dép. de Régua jusqu'à Porto, Pinhão, Barca d'Alva et Pocinho ; retour en bateau ou en car selon la formule choisie. Peso da Régua-Pinhão avec retour en bus, à partir de 30 € ; Peso da Régua-Porto-Peso da Régua en bateau : 83 € le dim. en été, 60 € en sem. en avr.-mai et oct.-nov.

Porto Douro – **Pinhão**, kiosque sur le quai - ✆ 229 389 933 - portodouro.com. L'une des compagnies assurant des croisières en amont de Pinhão ; 2 dép./j. pour la quinta da Romaneira (1h-10 €) et Tua (2h-20 €).

Agenda culturel

RENDEZ-VOUS ANNUELS

Festivals, fêtes religieuses et rendez-vous culturels : le calendrier festif de Porto est d'une grande richesse. L'agenda pouvant être modifié, il est préférable de consulter les sites : www.visitporto.travel (rubrique « What's on ») et www.portolazer.pt. Tous les deux mois se tient un **festival d'art contemporain** dans le quartier Miguel Bombardia, les galeries inaugurent alors une nouvelle exposition durant ce festival. Concerts et performances dans les rues.
Une dizaine de fois dans l'année ont lieu les :

Feiras Francas (Foire d'arts) - 1er sam. du mois au Palácio das Artes, Largo de S. Domingos.)
Foires d'artisanat - (2e dim. du mois) dans le quartier de la Ribiera ou au Hard Club.

Février

▶**Terça Feira Gordura** (Mardi Gras) - (un mardi de février, 47 jours avant Pâques) Carnaval.
▶**Fantasporto** - (Fin fév.-déb. mars) Festival international de cinéma fantastique de Porto - www.fantasporto.com (en anglais).

Mars/avril

▶**Semana santa** - (Avril) Festivités religieuses à Porto et à Guimarães ; dans cette dernière ville se déroule un festival international de musique religieuse. La plus importante célébration de la Semaine sainte au Portugal à lieu à Braga, à env. 25 km au nord-ouest de Guimarães.
▶**Dia da Liberdade** - (25 avril) Défilés militaires et commémorations officielles marquant la chute du régime de Salazar, le 25 avril 1974 (révolution des Œillets).

Mai

▶**Queima das Fitas** - (1re sem. de mai) Le « brûlage des rubans », grande fête des étudiants à laquelle toute la ville participe. Cortège, concerts et autres animations nocturnes.
▶**Dia internacional dos museus** (Journée internationale des musées) - (Mi-mai) Animations dans les musées.
▶**FITEI** (Festival international de théâtre d'expression ibérique) - www.fitei.com (en portugais).

Juin

▶**Serralves em festa** - (1er w-end de juin) Durant 40 heures d'affilée, la fondation Serralves organise une multitude d'événements autour de l'art contemporain (concerts, théâtre, ateliers, ballets) ; entrée libre - www.serralvesemfesta.com (en anglais).
▶**Dia de Portugal** (Fête nationale) - (10 juin) Les Portugais fêtent le souvenir de la mort du poète Camões, en 1580.
▶**São João** (Saint-Jean) - (Nuit du 23 au 24 juin) La plus grande fête de Porto, le 24 juin est férié. Autels en hommage au saint, régate de *rabelos*, bateaux autrefois, utilisés pour le transport des fûts de vin, concours

de *cascatas*, petites constructions aux références bibliques.
▶**São Gonçalo** – (Dernier w.-end de juin) à **Amarante**. Fête de saint Gonzalve, patron des vieilles filles.
▶**São Pedro** – (29 juin et 1er dim. de juillet) à **Afurada**. Fête du saint patron du village : procession, cérémonie religieuse, feu d'artifice, sardines grillées.

Été

▶**Festa de San Bartolomeu** – (De mi-juin à mi-sept.). À **Foz do Douro**, manifestations variées (sportives et folkloriques), artisanat et *street food*, cortège de costumes de papier s'achevant en bain rituel sur la plage.
▶**Verão na Casa** – (Début juin à début septembre). La Casa da Música fête l'été en programmant une multitude de concerts variés (voix portugaises de renom, musiques du Brésil, fado, reggae, jazz, musique symphonique) - www.casadamusica.com (en anglais).

Juillet

▶**Feira rural e feira des tradições** (Festival de folklore) – (fin juil.). Plusieurs ensembles invités - www.ranchoparanhos.com (en portugais).
▶**Festa de Nossa Senhora do Socorro** – (Fin juil.-mi-août). À **Peso da Régua**, procession de la statue de la Vierge, concerts de fado et concours de *francesinha*.

Août

▶**Festa da Cidade e Gualterianas** – (1er w.-end d'août) à **Guimarães**. Fête médiévale en l'honneur de Gualter, saint patron de la ville : foires, rues décorées, géants et batailles de fleurs.
Encontros Internacionais de Música (Rencontres internationales de musique) – (Mi-août) - Au **solar de Mateus**, concerts de musique ancienne et masterclasses assurés par d'éminents spécialistes internationaux - casademateus.com.
▶**Noites Ritual** – (Fin août). Musique rock au Pavilhão Rosa Mota et dans ses jardins.

Septembre/octobre

▶**Festa do Outono** (Fête de l'Automne) – (Un sam. fin sept.- début oct.) La fondation Serralves fait revivre chaque année les traditions rurales régionales et les savoir-faire associés à l'automne. Costumes, ferme aménagée sur les pelouses du parc ; entrée libre. www.serralves.pt (en anglais).
Festa das Vendimas (Fête des vendanges) – À **Peso da Régua**, messe des vendanges, gastronomie et spectacles folkloriques.

Novembre

▶**Maratona de Porto** (Marathon de Porto) – (Un dim. début nov.) www.maratonadoporto.com/fr.
▶**Guimarães Jazz Festival** – (Une sem. début nov.). www.ccvf.pt (en anglais).

Décembre

▶**Natal** (Noël) – Festivités et animations (illuminations, manèges, foires et marchés, concerts et chorales, cirque, feu d'artifice).

PORTO
CRUZ
11
GRAN CRUZ

Pour en savoir plus

Barcos rabelos en représentation sur le Douro.
K. O'Hara/age fotostock

Dates clés

147-139 av. J.-C. – Invasion romaine. Fondation de **Portus** (le Port) sur la rive nord du Douro.
711 – Début de la conquête musulmane.

LA FORMATION DU ROYAUME

1140 – **Alphonse Henriques**, premier roi du Portugal.
1250 – Fin de la Reconquête.
1256 – Lisbonne devient capitale.
1297 – Traité d'Alcanizes, fixant les frontières du Portugal.

Les Grandes Découvertes

1415 – Prise de Ceuta (Maroc). Début de l'expansion portugaise. **Henri le Navigateur** organise de nombreuses expéditions maritimes.
1418 – Découverte de Madère.
1427 – Découverte des Açores.
1488 – Bartolomeu Dias double le cap de Bonne-Espérance.
1494 – Traité de Tordesillas : l'Espagne et le Portugal se partagent le Nouveau Monde.
1498 – **Vasco de Gama** atteint les Indes.
1500 – Pedro Álvares Cabral découvre le Brésil.
1578 – Mort du roi Sébastien 1er à Ksar el-Kébir.

LA FIN DE LA MONARCHIE

1580 – Philippe II d'Espagne, roi du Portugal.
1668 – L'Espagne reconnaît l'**indépendance du Portugal**.
1703 – Traité de Methuen : l'Angleterre obtient le monopole de l'importation des vins de Porto.
1750 – Couronnement de Joseph Ier. Le marquis de Pombal est Premier ministre.
1807-1810 – Invasions napoléoniennes, exil de la Cour au Brésil.
1820 – Révolution libérale.
1822 – Indépendance du Brésil.
1834 – Marie II, reine du Portugal, début de la monarchie libérale.
1908 – Assassinat du roi Carlos Ier et de son fils aîné. Agitations politiques continuelles dans le pays.

RÉPUBLIQUE ET RÉVOLUTION

1910 – Proclamation de la république.
1926 – Coup d'état militaire ; le général Carmona nommé président par la junte.
1932 – Salazar, président du Conseil.
1933 – Constitution de l'Estado Novo, régime dictatorial.
1949 – Le Portugal, membre fondateur de l'Otan.
1961 – Début des guerres coloniales.
1974 – **Révolution des Œillets** ; indépendance de la Guinée-Bissau.
1975 – Indépendance du Cap-Vert, de l'Angola, du Mozambique et de São Tomé.

L'EUROPE ET LA MODERNITÉ

1986 – Mário Soares, premier président de la République civil depuis 1926 ; le Portugal adhère à la CEE.

1996 – Jorge Sampaio, président de la République. Porto déclaré Patrimoine culturel de l'Humanité.
1999 – Macao rétrocédé à la Chine.
2001 – Porto, Capitale européenne de la culture.
2003 – Mise en service de la 1re ligne de métro de Porto.
2006 – Aníbal Cavaco Silva (centre droit) président de la République.
2011 – 2nd mandat présidentiel de Cavaco Silva. Plan d'austérité drastique. Mis en minorité, le Premier ministre José Socrátes (parti socialiste) doit démissionner. Pedro Passos Coelho (centre droit) remporte les élections législatives.
2012 – Guimarães partage avec Maribor (Slovénie) le titre de Capitale européenne de la culture.
2014 – Sortie du programme d'aide international.
2015 – Une motion de censure renverse Pedro Passos Coelho ; António Costa (parti socialiste), à la tête d'une coalition de gauche, devient Premier ministre.
2016 – Janvier : le conservateur Marcelo Rebelo de Sousa est élu président. Juillet : victoire du Portugal à l'Euro de football.
2017 – La politique de relance du pouvoir d'achat et de soutien à l'investissement porte ses fruits : croissance record, baisse du déficit public et du chômage.
2019 –Élections législatives.

La dynastie des avis : les Grandes Découvertes

La dynastie des Avis débute avec le roi ***Jean Ier*** *(1385-1433) et marque une période essentielle dans l'histoire du Portugal. Par son mariage avec Philippa de Lancastre, Jean Ier s.'assure le soutien de l'Angleterre, alliance qui se maintiendra tout au long de l'histoire du Portugal. Ils ont quatre fils dont Henri le Navigateur, l'instigateur des Grandes Découvertes. En 1415, la prise de Ceuta marque le début de l'expansion portugaise. Suivent les découvertes de Madère, des Açores et des îles du Cap-Vert. Le roi* ***Jean II (1481-1495),*** *surnommé « le Parfait », encourage la science nautique ; il fait cependant l'erreur de ne pas accepter le projet de Christophe Colomb. Sous son règne,* ***Bartolomeu Dias*** *franchit le cap de Bonne-Espérance (1488) et le traité de Tordesillas (1494) est signé, partageant le Nouveau Monde en deux zones d'influence : castillane et portugaise.*
Sous le règne de ***Manuel Ier*** *(1495-1521), Cabral découvre, en 1500, le Brésil. Heureuse surprise, le territoire du Brésil qui se trouve à l'est de la ligne de partage est immense.* ***Vasco de Gama*** *arrive aux Indes en 1498 et l'expédition de Magellan accomplit le premier tour du monde entre 1519 et 1522. Pendant cette période, l'Empire portugais se met en place en Asie avec la conquête d´importants centres commerciaux comme ceux de Goa et de Malacca. Le Portugal se retrouve à la tête d'un empire qui lui apporte de formidables richesses. De nombreux monuments sont édifiés dans un style dit* ***manuélin****, caractérisé par ses cordages, ses ancres, ses globes terrestres, véritables odes aux Grandes Découvertes (**p. 129**). Des poètes comme l'illustre Camões (Les Lusiades) en chantent les hauts faits et les heures de gloire.*

De Portucale à Porto

PORTUCALE

À l'époque romaine, le Douro forme un obstacle aux communications entre le nord et le sud de la Lusitanie. Deux cités se font face et contrôlent l'estuaire : **Portus** (le Port) sur la rive droite; **Cale** sur la rive gauche.
Au 8e s., les musulmans envahissent la Lusitanie, mais la résistance des chrétiens les empêche de s'installer de façon durable dans la région entre le Minho et le Douro; c'est ce territoire, déjà appelé **Portucale**, que Thérèse, fille du roi de León, apporte en dot en 1095 à son mari Henri de Bourgogne, sous forme de comté. Devenu un des foyers de la Reconquête, le comté donnera son nom à la nation.

LES TRIPES DE PORTO

Aux 14e et 15e s., les chantiers navals du port (O Porto) contribuent à la création de la flotte portugaise. En 1415, sous la direction de l'infant **Henri le Navigateur**, une expédition se prépare pour la **prise de Ceuta** au Maroc. Porto est lourdement mis à contribution pour ravitailler cette escadre. Le cheptel bovin est réquisitionné, et la population en est réduite à se nourrir de **tripes** et d'abats. D'où le surnom de **tripeiros** (mangeurs de tripes) donné, un peu injustement, aux habitants. Les *tripas à moda do Porto* sont devenues une spécialité locale.

INDÉPENDANTE ET INSURRECTIONNELLE

Dès le 13e s., le vin produit dans la vallée du Douro est transporté dans des fûts jusqu'à Porto à bord de bateaux à fond plat **(barcos rabelos)**. En 1703, le Portugal et l'Angleterre signent le **traité de Methuen** facilitant l'accès des produits manufacturés anglais sur le marché portugais; en échange, les vins du Haut-Douro commercialisés à Porto trouvent un large débouché en Angleterre. Les négociants anglais créent un comptoir dans la ville en 1717; peu à peu, plusieurs compagnies anglaises contrôlent la production. Pour faire face à cette situation, le marquis de **Pombal**, profitant du tremblement de terre de 1755, fonde en 1756 une compagnie portugaise détenant le monopole des vins du Haut-Douro. Sa réglementation stricte mécontente les petits producteurs : à l'occasion du Mardi gras, des ivrognes incendient les locaux de la compagnie; 25 condamnations à mort sont prononcées. En 1809, des centaines d'habitants se noient dans le Douro pour fuir les troupes napoléoniennes. La ville se soulève ensuite successivement contre l'occupation anglaise (1820), le roi despotique D. Miguel (1828) et obtient une monarchie libérale. À partir de 1891, Porto mène la fronde des républicains du pays. En 1910, la république est proclamée.

Douro et paysages du Nord

Porto est la capitale du **Nord**, l'une des cinq grandes régions administratives du pays avec le Centre, Lisbonne et la vallée du Tage, l'Alentejo et l'Algarve *(carte dans le 1er rabat de couverture)*.

TROIS RÉGIONS NATURELLES AUTOUR DE PORTO

Le Nord se distingue par trois régions naturelles (anciennes provinces) : le Minho et le Douro, très cultivées, et, à l'intérieur du pays, la région plus sèche du Trás-os-Montes.

Le **Minho** et le **Douro** sont essentiellement formés de collines granitiques couvertes d'une abondante végétation, malheureusement régulièrement atteinte par de dramatiques incendies. Les serras de Gerês, de Soajo et de Marão, qui constituent le **Parc national de Peneda-Gerês**, à l'extrême nord, présentent des sommets dénudés parsemés d'éboulis de rochers. Les champs, entourés de haies et de vignes grimpantes, produisent parfois deux récoltes par an; çà et là apparaissent quelques boqueteaux d'eucalyptus, de pins (sur la côte) et de chênes. Vignes, arbres fruitiers et pâturages complètent une économie de terroir. Sur les pentes bien exposées poussent des oliviers, des pommiers et parfois des orangers. La population, très dense ici, vit dans des villages extrêmement nombreux, à l'urbanisation galopante, reliés entre eux par des routes tortueuses. Des vallées verdoyantes, comme celles du rio Lima ou du rio Vez, servent d'axes de circulation. La **Costa Verde** (Côte Verte), qui doit ce surnom à son paysage verdoyant, est baignée d'eaux relativement froides.

Porto est la capitale incontestée de cette région active qui regroupe plus du quart de la population du pays, et de nombreuses industries, comme autour de Braga.

Le **Trás-os-Montes** *(districts : Bragança et Vila Real)* est une région paisible assez méconnue. Son nom signifie « au-delà des monts » : c'est en effet à l'est, au-delà des serras de Marão et de Gerês, que s'étirent ses hauts plateaux surmontés de crêtes rocheuses et coupés de profondes vallées. Les plateaux, dominés par des sommets pelés, sont le domaine de la lande à moutons. Les villages isolés, bâtis en granit ou en schiste, se confondent avec le paysage.

Les bassins plus peuplés, autour de Chaves, Mirandela et Bragança, ressemblent à des oasis où croissent arbres fruitiers, vignes, maïs et légumes. Cette région a toujours été un grand foyer d'émigration (notamment vers la France) et aujourd'hui les petites villes se voient grossies par les constructions des émigrants de retour au pays. Au sud de la province, le **Haut-Douro** (Alto Douro) fait exception. Les rebords des plateaux et les versants du Douro et du Tua ont été aménagés en terrasses sur lesquelles poussent oliviers, figuiers, amandiers et, surtout, le célèbre vignoble produisant le porto et le *vinho verde*.

Les **maisons rurales** du Nord sont massives, souvent en granit, et recouvertes de tuiles. Dans le Trás-os-Montes, c'est le schiste qui prime et les maisons sont couvertes d'ardoises. Dans la vallée du Douro, les splendides manoirs **(solares)** et les domaines **(quintas)** des propriétaires terriens sont blanchis à la chaux.

LE DOURO, UN FLEUVE AU LONG COURS

(*« Vallée du Douro » p. 58*)

Un fleuve au cours irrégulier

Le Douro est l'un des fleuves majeurs de la péninsule Ibérique. Il prend sa source à 2060 m d'altitude dans la **sierra de Urbión** en Espagne, puis serpente à travers la Meseta durant 525 km avant d'atteindre le Portugal. Là, sur 112 km, il creuse son lit dans une région accidentée, entre de hautes parois granitiques, et marque la frontière entre les deux pays. Puis, bifurquant vers l'ouest à hauteur de Barca de Alva, il pénètre au sein des terres portugaises. Son profil s'adoucit alors, mais il reste prisonnier des granits et des schistes jusqu'à Porto et son estuaire. Le régime annuel du fleuve, tributaire des fortes pluies d'automne et d'hiver, est très irrégulier : aux étiages, surtout marqués en amont de Régua, s'opposent de fortes crues d'automne et d'hiver dans la région de Porto.

Une voie de navigation

À partir du 18e s., le Douro a joué un rôle important dans le développement de la région. Sillonné de **barcos rabelos**, typiques embarcations à fond plat et à haute voile carrée conçues pour franchir les rapides, il assurait le transport des fruits et surtout du vin de Porto. Mais la création de routes carrossables et d'une voie ferrée suivant la vallée, de la frontière espagnole jusqu'à Cinfães, près du barrage de Carrapatelo, a mis un terme à cette activité.

Une réserve d'énergie

En raison de l'imperméabilité de ses roches, du profil de son cours d'eau et de l'encaissement de ses vallées, le bassin du Douro constitue une formidable réserve d'énergie. Depuis les années 1960, une dizaine de grands barrages ont été dressés sur le fleuve. En y ajoutant la quinzaine de barrages édifiés également sur ses affluents, le bassin du Douro fournit une grande partie de l'énergie électrique consommée au Portugal. Les lacs de retenue formés par les barrages permettent d'assurer l'**irrigation** des terres cultivables. Le système d'écluses a en outre permis la reprise de la **navigation** sur le Douro, favorisant l'exploitation de nombreuses ressources du sous-sol (gisements d'étain, de wolfram et de fer). Enfin, il existe désormais une volonté politique et économique de faire de la vallée du Douro, en particulier autour des vignobles du porto, un grand pôle touristique du pays.

Admirer les vignobles du Douro depuis le fleuve

Fêtes et traditions

À l'image de leurs voisins méditerranéens, les Portugais sont très attachés à leurs traditions familiales et religieuses. L'année est rythmée par la célébration des **fêtes** catholiques. Certains saints font l'objet d'un culte fervent, comme saint Jean, principal saint protecteur de Porto.

PÂQUES

Des célébrations solennelles ont lieu durant la Semaine sainte, qui débute dès le dimanche des Rameaux, dans le nord du Portugal, en particulier à Braga.

ROMARIAS, SAINTS POPULAIRES

Les romarias sont célébrées en l'honneur d'un saint patron. Pèlerinage, pardon, foire, fête foraine : elles sont un peu tout cela à la fois. Les plus importantes ont lieu dans le nord du pays, surtout dans le Minho. Les petites romarias se tiennent dans des chapelles de montagne et ne durent qu'une journée. Les grandes romarias, qui se déroulent dans les villes, comme à Porto, peuvent durer plusieurs jours. La **fête de Saint-Jean**, qui correspond aussi au solstice d'été, est très suivie dans les quartiers de Porto **(23-24 juin)**. Elle est devenue une célébration plus païenne que religieuse ; pots de basilic, tiges d'oignons et marteaux en plastique pour frapper, de manière inoffensive, sur la tête du voisin de rigueur ! La fête dure toute la nuit (*p. 110*).

SÃO MARTINHO

La légende raconte qu'un jour pluvieux et glacé du mois de novembre, un soldat romain croise, au cours d'un long voyage à cheval, un mendiant qui tremble de froid. Martin saisit alors son épée et coupe sa cape militaire en deux afin de la partager avec le vagabond. La pluie cesse soudainement et le soleil se met à briller. Le **11 novembre**, on célèbre au Portugal la fête des Châtaignes *(O Magusto)*, en hommage à **saint Martin**. C'est un moment de partage en famille, entre amis ou voisins, où l'on invite ceux qui passent à manger les châtaignes grillées au feu de bois, accompagnées de vin nouveau.

NOËL

Les Portugais se retrouvent en famille pour la **Consoada**, le réveillon de Noël. On déguste en général le traditionnel plat de morue pochée accompagné d'œufs, de chou, d'oignons et de pommes de terre. De nombreuses familles se rendent à la *Missa do Galo*, la messe du coq. Le coq aurait en effet chanté à la naissance de Jésus.

LE FADO

La **musique** portugaise est avant tout associée au fado. Mélopée dérivée des poésies chantées par les troubadours du Moyen Âge, chant d'origine mauresque ou afro-brésilienne, les hypothèses ne manquent pas sur les origines du fado. Il apparaît au Portugal à la fin du 18e s., dans les quartiers populaires de Lisbonne diront certains, dans ceux de Porto affirmeront d'autres. Il se développe au début du 19e s. dans une période agitée par les guerres napoléoniennes et l'indépendance du Brésil. Ces circonstances expliqueraient le succès de ce chant triste dont les principaux thèmes évoquent les fluctuations du sort (son nom viendrait du latin *fatum* : destin). Le fado acquiert sa popularité au Portugal dès 1820, avec la chanteuse **Maria Severa**. En 1833 s'ouvrent les premières maisons de fado. À la fin du 19e s., le fado devient un genre littéraire et les grands poètes et écrivains du moment s'y essaient. Au début du 20e s., le fado sert de support aux luttes idéologiques. **Amália Rodrigues** (1920-1999) avec une voix incomparable et un choix de textes de qualité, lui fait dépasser les frontières. Elle a conféré au fado une gloire internationale telle qu'il est devenu le symbole du Portugal et de sa *saudade*.

Bien qu'il vienne du passé, le fado est toujours présent, en particulier à Lisbonne, Porto et Coimbra.

Il a trouvé un nouveau souffle à travers des artistes qui l'utilisent, exclusivement ou ponctuellement, en y apportant leur touche personnelle : Dulce Pontes, Camané, Filipa Pais, Marta Dias, Mísia, Paulo Bragança, Sofia Varela, Mariza, Bévinda (qui chante le « fado de Paris »), Cristina Branco, et la chanteuse du célèbre groupe Madredeus, Teresa Salgueiro. Et parmi la nouvelle génération, citons Katia Guerreiro, Anna Moura, Mariza ou António Zambujo. On peut aussi avoir parfois la chance, dans un *tasco* de Porto, de rencontrer des *fadistas* amateurs qui chantent pour leur plaisir.

La saudade

« Un mal qui fait du bien, un bien qui fait du mal » : c'est ainsi que le poète Camões (1524-1580) qualifiait la saudade. Le mot, sans équivalent dans d'autres langues, désigne un sentiment qui pour beaucoup caractérise l'« âme » portugaise. Le fado (voir ci-dessus) est une forme d'expression privilégiée de la « saudade », qui, « avant d'être pensée, a été chantée », comme affirme l'essayiste Eduardo Lourenço. Le fado parle des amours inaccomplies, des départs, des ruptures, des difficultés de la vie, d'un destin contre lequel on ne peut rien. Néanmoins, cette fatalité et ce chagrin chantés dans le fado expriment parfaitement le sentiment contradictoire qui constitue la « saudade » : une mélancolie joyeuse, la douceur d'exprimer une douleur, une souffrance qui se contente et se satisfait d'elle-même...

Gastronomie

Les repas traditionnels comptent plusieurs plats généralement préparés à l'huile d'olive et à l'ail, relevés de nombreux aromates (romarin, laurier, coriandre, etc.). À Porto et dans ses environs, la viande, mais surtout le poisson et les fruits de mer, en constituent la base. Comme garniture, les Portugais préfèrent le riz, dont ils ont acquis le goût à la suite de leurs voyages en Orient, la pomme de terre ou une salade mixte (salade, tomate et oignon). Il existe aussi des spécialités bien locales comme les tripes à la mode de Porto, la *francesinha* ou quelques douceurs.

CALDO VERDE ET AUTRES SOUPES

La soupe manque rarement au repas. On y mêle divers composants : volaille et riz (canja de galinha), poisson (sopa de peixe), fruits de mer (sopa de mariscos), lapin (sopa de coelho), pois chiches (sopa de grão). Mais la plus réputée et la plus répandue à Porto et dans le Nord est le caldo verde. Elle est à base de purée de pommes de terre et de chou galicien vert, émincé en fines lamelles; on y ajoute de l'huile d'olive et des rondelles de saucisson fumé (chouriço).

Les açordas, sorte de purée au pain, peuvent être dégustées partout et connaissent de nombreuses variantes.

BACALHAU ET AUTRES PRODUITS DE LA MER

Ouvert sur l'Océan, le Portugal est le pays d'Europe qui consomme le plus de poisson par habitant (61 kg par an, contre 22 kg en moyenne en Europe !). En tête de liste vient la **morue** (**bacalhau**), qui occupe une place particulière dans l'histoire du pays. Pêchée dans les lointaines eaux froides de Terre-Neuve, il faut la saler pour la conserver jusqu'au retour des bateaux. Elle a longtemps été l'aliment populaire par excellence, le plat traditionnel de Noël, la friandise omniprésente sous forme de beignets *(pasteis)*. Mais, en raison de la surpêche, les stocks diminuent et son prix a fortement augmenté. Il y a, dit-on, 365 manières de la préparer; vous le constaterez sur place, dans les restaurants de Porto et de sa région. La plus traditionnelle est la morue cuite au four et garnie de pommes de terre *(bacalhau cozido com batata ao murro)*. Vous pourrez aussi la savourer grillée, avec de la crème, en gratin, en beignet, froide et assaisonnée en salade, ou encore façon **Gomes de Sá** *(a Gomez de Sá)*, du nom d'un commerçant de morue portuan qui élabora, à la fin du 19e s., une recette de morue avec des pommes de terre, des œufs, des oignons, des olives noires, du persil, de l'ail et de l'huile d'olive.

On trouve aussi dans la cuisine portugaise, et en particulier à Porto, de nombreuses autres fameuses variétés de poissons : sardines, poissons-épées, lamproies, lottes, bars, saumons du Minho, dorades, etc. La caldeirada est une sorte de bouillabaisse que les pêcheurs préparent sur la plage.
Les fruits de mer (mariscos) et les poulpes sont abondants et garnissent nombre de plats. Toujours cuits, les coquillages, dont le plus connu est l'amêijoa (praire), sont délicieux et variés. Agrémentés d'aromates, de tomates et de saucisses, ils acquièrent à la cuisson une saveur agréable.

LA VIANDE

Le **porc** est accommodé et préparé de multiples façons ; porcelet rôti *(leitão assado)*, porc en ragoût, en filets fumés *(paio)*, en jambon fumé *(presunto)*. Accompagné de haricots rouges ou blancs, de choux et de saucisson fumé *(chouriço)*, le jambon devient un des composants de la **feijoada**. Jambon et saucisses entrent dans la préparation du **cozido à portuguesa**, pot-au-feu de bœuf, porc, poulet, boudin noir *(enchidos)*, saucisse fumée *(farinheira)*, légumes, pommes de terre et riz ; dans celle des **tripes à la mode de Porto** *(dobrada)*, plat à base de tripes ou de gras-double de veau et de haricots blancs *(voir l'origine de ce plat p. 116)*.
Le bœuf apparaît souvent sous forme de steak, comme le bife a cavalo (steak surmonté d'un œuf frit, « à cheval »). On fait aussi, plus rarement, rôtir à la broche cabris et agneaux.

Quelques spécialités

Açorda de marisco *– Panade de palourdes et de gambas mélangée à de l'ail, des œufs, de la coriandre et des épices.*
Amêijoas à bulhão pato *– Petites palourdes cuites dans l'huile d'olive, avec de l'ail et de la coriandre.*
Arroz de marisco *– Riz cuisiné avec des palourdes, des crevettes, des moules et de la coriandre.*
Cabrito *– Chevreau rôti.*
Caldeirada *– Sorte de bouillabaisse.*
Caldo verde *– Bouillon de pommes de terre et de choux.*
Canja de galinha *– Bouillon de poulet avec riz et jaunes d'œufs bouillis.*
Cataplana *– Fruits de mer cuits à l'étouffée, avec des morceaux de jambon.*
Cozido *– Pot-au-feu avec viandes, saucissons et légumes.*
Feijoada *– Haricots avec viande de porc, choux et saucisson.*
Leitão assado *– Cochon de lait grillé, servi chaud ou froid.*
Presunto *– Jambon fumé.*
Salpicão *– Saucisson fumé et épicé.*

FRANCESINHA

(La petite française)

Snack typique et populaire de Porto servi dans de nombreux restaurants ou cafétérias, la *francesinha* s'apparente au croque-monsieur (ou au croque-madame dans sa version coiffée d'un œuf miroir), dans lequel on ajoute, en plus du jambon et du fromage, une tranche de mortadelle et du bœuf. L'ensemble est nappé d'une sauce originale, à la saveur unique, légèrement épicée, qui comprend notamment du porto et du piment. Inventé par Daniel da Silva en 1952, ce plat porterait le nom de « petite française », « en hommage à la femme la plus piquante qu'il ait connue ». Il s'accompagne en général d'une bière. Il existe différentes variétés de cette spécialité.

Leitaria da Quinta do Paço

Pause douceur.

DOUCEURS

Comme ailleurs au Portugal, on compte dans la région de nombreux gâteaux, presque tous à base d'œufs, hérités de vieilles recettes conventuelles : *barrigas de freira* (ventres de nonnes), *toucinho do Ceu* (lard du ciel, aux amandes), *tortas de Guimarães, castanhas* (châtaignes) ou *beijinhos de Amor* (bisous d'amour) d'Amarante ... Le **pudim flan**, sorte de crème renversée, a sa place dans la plupart des menus. Avec les mêmes ingrédients, on obtient le **leite-creme**, plus crémeux. L'**arroz doce** (riz au lait), saupoudré de cannelle, est souvent réservé aux repas de fête. Dans les pâtisseries, nombreuses, on trouve le délicieux **pastel de nata** – un flan, dans une pâte feuilletée, saupoudré de cannelle, qui accompagne en général le café *(bica)* – ou encore le fameux **éclair** à la chantilly de Porto, garni d'une onctueuse et légère crème et recouvert de chocolat, de croquant, de café, de citron ou d'un autre parfum.

Vin et porto

Les vignes des vallées du Haut-Douro et de ses affluents produisent des vins généreux, exportés après traitement à Porto, qui leur a donné son nom.

VINS DE LA RÉGION NORD

Onzième producteur mondial de vin avec 6 millions d'hectolitres par an, le Portugal possède une gamme très riche de crus. Contrairement à d'autres vins du monde, les vins portugais n'ont pas cédé aux sirènes de la mondialisation et ont su garder leur goût traditionnel, ce qui en fait le charme et la qualité, tout cela à des prix très abordables. Le porto et le madère ont une renommée internationale, en partie redevable aux Anglais, mais on trouve aussi, sur place, d'autres vins de qualité. Plusieurs régions produisent des vins dignes d'intérêt, faisant l'objet depuis 1987 d'un classement en VQPRD (Vin de qualité produit dans une région déterminée), qui comprend les DOC (Dénomination d'origine contrôlée, correspondant à l'AOC française), les IPR, les vins régionaux et les vins de table. Dans les restaurants, on peut demander le *vinho da casa*, vin de la maison, généralement très convenable. La région de Porto produit le vin vert et les vins du Douro.

Le « vinho verde » (vin vert)

Il est blanc (tendant au jaune) ou rouge foncé *(tinto)*, et son appellation de « vin vert » indique la précocité des vendanges et la brièveté de la fermentation qui donne un vin à faible teneur alcoolique (8 à 11,5°), léger, pétillant, fruité, un peu acidulé même. Il est produit dans le nord-est du pays, dans le **Minho** et la **basse vallée du Douro**, de Porto à Vila Real.
Le *vinho verde* le plus réputé est produit avec le cépage *alvarinho* et, contrairement aux autres, il peut être conservé plus longtemps. Le *vinho verde* se boit jeune et bien frais. Idéal en apéritif, il accompagne agréablement le poisson et les fruits de mer.

Le DOC Douro

Réputée pour le porto, la région de l'**Alto Douro** ou haute vallée du Douro produit aussi des vins de grande qualité, généralement rouges, robustes et charpentés, et parfois blancs.

LE PORTO ET LES ANGLAIS

Au 14e s., certains vins de Lamego étaient déjà exportés vers l'Angleterre. Au 17e s., en échange de leur aide contre les Espagnols, les Portugais accordèrent aux Anglais des privilèges commerciaux. Et, à la fin du 17e s., quand la formule du porto fut mise au point, de nombreux Anglais se portèrent acquéreurs de *quintas* dans la vallée du Douro et se lancèrent dans la production de ce vin. Le **traité de Methuen** (1703) avait attribué le monopole du commerce des vins portugais à la Couronne britannique, mais le roi Joseph Ier et le marquis de Pombal créèrent en 1756 la **Compagnie générale de l'agriculture des vignes du Haut-Douro**, établissement public chargé de fixer les prix à l'exportation. L'année suivante, la compagnie entreprit de déterminer les limites du vignoble ayant droit à l'appellation. Dans le même temps, les maisons anglaises se multiplièrent : Cockburn, Campbell, Offley, Harris, Sandeman, Dow, Graham, etc. ; les Portugais attendirent 1830 pour créer leurs propres compagnies : Ferreira, Ramos-Pinto, etc. En 1868, le phylloxéra s'abattit sur la région, mais le vignoble fut rapidement reconstitué et l'on produisit des *vintage* dès la fin du 19e s.

LE VIGNOBLE

Il est cultivé dans la région délimitée du Douro, créée par la loi de 1756. Celle-ci recouvre 250 000 ha, dont 1/6 en vignes qui s'étendent sur une centaine de kilomètres le long du Douro jusqu'à la frontière espagnole. Le centre du vignoble se trouve approximativement au niveau du bourg de Pinhão. On compte 25 000 propriétaires viticulteurs, dont les plus importants sont à la tête de vastes domaines, les *quintas*. Les conditions exceptionnelles dues au climat (été chaud, hiver froid) et au sol schisteux de cette région, associées au vieillissement que l'on fait subir au vin, assurent au porto des caractéristiques uniques. Le vignoble cultivé sur les versants raides du Douro, complètement sculptés en terrasses, forme un paysage unique particulièrement beau à l'automne.

L'ÉLABORATION DU PORTO

Les vendanges ont lieu fin septembre. Les grappes sont transportées à dos d'homme dans des hottes en osier. Le raisin cueilli est porté au pressoir où le foulage mécanique s'est substitué au foulage au pied, dont les chansons et les rythmes appartiennent désormais au folklore. Le moût fermente jusqu'à ce qu'il atteigne le degré de sucre souhaité, puis on y ajoute de l'eau-de-vie – de raisin du Douro, obligatoirement – pour en faire cesser la fermentation et retenir le sucre : c'est le **mutage**. Au printemps, le vin est transporté jusqu'aux chais de Vila Nova da Gaia, la ville située sur la rive gauche du Douro, juste en face de Porto. Jusqu'en 1964, ce transport s'effectuait à bord des *barcos rabelos,* qui descendaient le Douro sur 150 km jusqu'à Porto. On peut voir certains de ces bateaux colorés à Pinhão et Vila Nova da Gaia.

LES DIFFÉRENTS PORTOS

La teneur en alcool du porto varie entre 19 et 22°. Il existe une grande variété de portos en fonction de la marque et du procédé d'élaboration. Vieillis en fûts, ils mûrissent par oxydation et prennent une belle couleur ambre ; vieillis en bouteilles, ils mûrissent par réduction et se caractérisent par leur teinte rouge sombre.
Depuis 1963, les Français ont supplanté les Anglais et sont devenus

les premiers importateurs de porto. Ils consomment surtout du *tawny (voir ci-dessous)*, demi-sec et doux, alors que les Anglais sont amateurs de portos de grande qualité. En terme de volume, le marché britannique n'occupe plus aujourd'hui que la cinquième place, derrière la France, le Portugal, les Pays-Bas et la Belgique.
Le **porto blanc** ou *branco*, moins répandu, provient de cépages blancs. Sec ou extra-sec, d'une teneur en alcool de 16,5° minimum, il constitue un excellent apéritif à servir frais.
Le **ruby**, de couleur rouge, est un vin jeune, d'environ deux ans.
Le **tawny**, vin de mélange, ayant en général passé trois ou quatre ans en fûts, présente une couleur blond doré. Il existe également des *tawnies* avec indication d'âge et des *tawnies* de *colheita (voir ci-dessous)*.
Le **porto avec indication d'âge** (mention : 10, 20, 30 ans, etc.) correspond au temps passé en fûts. Une bouteille de ce vin de très bonne qualité peut se conserver de un à 4 mois après son ouverture.
Le **colheita**, porto avec mention de la date de récolte, est réalisé avec des vins de même année, la mise en bouteilles se faisant au bout de sept ans minimum (cette date est mentionnée sur l'étiquette).
Le **vintage** est obtenu à partir d'un raisin de qualité remarquable, produit généralement sur un seul domaine en une année exceptionnelle. Il est impérativement mis en bouteilles après deux ou trois années passées

vuk8691/iStock

Cave à Porto.

en fût. La bouteille, qui porte le nom de l'exportateur, est millésimée et ne doit être ouverte qu'au bout de huit à dix ans.
Enfin les **LBV** *(late bottled vintage)*, sont réalisés aussi avec une seule récolte et mis en bouteilles entre la 4e et la 6e année après la vendange. *Vintage* et LBV peuvent être gardés de nombreuses années, pourvu que l'on prenne certaines précautions (température adéquate, bouteille couchée). Le *vintage* doit être servi dans une carafe pour être décanté, et consommé rapidement, de préférence le jour de l'ouverture de la bouteille.

Architecture et urbanisme

Art roman et gothique, inspiration maritime et exotique de l'art manuélin, exubérance baroque de la *talha dourada*, art décoratif renouvelé de l'azulejo, architecture de fer, édifices contemporains audacieux..., tous ces styles coexistent de façon harmonieuse à Porto, révélant une grande sensibilté artistique et une créativité qui se perpétue.

L'ART ROMAN

Importé de France par des chevaliers bourguignons et des moines de Cluny et de Moissac, le style roman n'a pénétré que tardivement au Portugal (11e s.) et a gardé dans l'ensemble les traits du roman français. C'est dans **le nord du pays** qu'il est le mieux représenté; le rayonnement de Saint-Jacques-de-Compostelle lui a donné un style plutôt galicien, accentué par l'emploi du granit. D'où aussi l'aspect massif et fruste des édifices : les chapiteaux montrent la résistance que ce matériau offre au ciseau du sculpteur. À Porto, la petite église da Cedofeita est un exemple représentatif du roman primitif (*p. 37*). Quant à la ville de **Guimarães**, elle conserve quelques beaux monuments de la fin de l'art roman : le cloître du couvent de Nossa Senhora de Oliveira (*p. 48*), l'église de Sao Miguel do Castelo (*p. 55*) et le château fort, avec ses tours et ses murs massifs (*p. 53*).

Les cathédrales, souvent édifiées par des architectes français, de préférence sur une éminence au centre de la cité, ont été construites en même temps que les châteaux forts pour soutenir l'action contre les musulmans, d'où l'allure de forteresse que conserve la cathédrale de **Porto** (**Sé**, *p. 16*), malgré les embellissements de l'âge baroque. Les églises de campagne, plus tardives, présentent des portails parfois richement sculptés. L'intérieur, où apparaissent l'arc brisé et la voûte d'arêtes, a été transformé par des adjonctions manuélines ou baroques.

L'ART GOTHIQUE

Alors que le style roman s'est surtout épanoui dans le nord du pays, l'art gothique se développe à la fin du 13e s. avec l'éclosion de grands monastères, dans les régions calcaires, de Coimbra et de Lisbonne. Dans le nord du pays, certains bâtiments d'architecture romane connaissent tout de même des modifications significatives à l'époque gothique, c'est le cas de la cathédrale de Porto. Signalée par une belle rosace, l'**église São Francisco**, dans le vieux Porto, est initiée au 14e s. dans un style gothique sobre; elle sera enrichie plus tard d'une somptueuse décoration baroque (*p. 20*). L'église **Santa Clara** (*p. 24*), commencée

au début du 15e s., recevra elle aussi le même type d'ornementation proliférante au début du 18e s.
Toujours dans le vieux Porto, le quartier de la **Ribeira** est significatif de l'architecture médiévale ; s'y promener est un voyage dans le temps ; on peut observer dans ses ruelles, en particulier dans la rue Reboleira, de splendides façades datant du 14e s.
À **Guimarães**, le Museu Martins Sarmento occupe un cloître gothique (*p. 51*) et l'église de São Francisco a conservé un portail et un chevet gothiques (*p. 52*).

LE STYLE MANUÉLIN

Il marque, au Portugal, la transition du gothique à la Renaissance. Son nom, qui lui a été donné au 19e s., rappelle que ce style s'est épanoui sous le règne de **Manuel Ier** (1495-1521). Il reflète la passion de la mer et des territoires lointains récemment découverts, et manifeste la puissance naissante et la richesse qui s'installent sur les bords du Douro et du Tage. Son originalité lui confère, malgré sa brièveté **(1490-1520)**, une importance capitale dans l'histoire de l'art portugais.
Le style manuélin concerne davantage la **décoration** que la structure des édifices, laquelle reste apparentée au gothique. Il puise son inspiration dans les motifs végétaux et animaliers, certains rapportés d'Asie et d'Extrême-Orient, ou bien dans l'univers de la marine. Les fenêtres, les portes, les rosaces, les balustrades se couvrent de sculptures représentant des feuilles de laurier, chardons, artichauts, troncs de palmiers, coraux, algues, chaînes, cordages, écailles...
Le goût manuélin se traduit dans les arts mineurs par une exubérance des motifs de décoration, souvent inspirés de l'Orient. L'orfèvrerie religieuse, fastueuse aux 15e et 16e s., se ressent de l'exotisme oriental. La faïence subit l'influence de la porcelaine chinoise ; le mobilier adopte des procédés de décoration venus d'Orient : emploi de laques (Chine) ou de marqueterie de nacre et d'ivoire.
À Porto, Santa Casa da Misericórdia possède quelques œuvres manuélines d'exception. On trouve aussi un témoignage manuélin dans l'église São Francisco : la chapelle funéraire de João Carneiro (appelée aussi capela do Desgravo).

L'ART BAROQUE

Cette architecture flamboyante doit son nom au mot portugais **barroco** qui désigne une perle irrégulière.
Il correspond, dans le domaine de l'art, à l'esprit de la Contre-Réforme qui, aux 16e et 17e s., pour combattre les hérésies, opposa à l'austérité protestante les séductions d'un art fastueux et populaire au service de la foi catholique.
Réfractaire aux dispositions symétriques de l'art classique, le baroque manifeste un sens du mouvement, du volume et de la profondeur, une prédilection pour les lignes courbes et une recherche de la grandeur. Le véritable **baroque portugais** s'est surtout développé dans le nord du pays, à Porto en

particulier, tant dans les églises que dans les constructions civiles; l'esthétique des façades est soulignée par le contraste des murs blancs, crépis à la chaux, avec les pilastres et les corniches de granit qui les entourent. Le baroque prend son essor à partir de 1720, quand l'or et les bois exotiques du Brésil affluent. À Porto, l'artiste italien **Nicolau Nasoni** construit et embellit à cette période de nombreux édifices, il orne les façades de motifs floraux, de palmes et de draperies (*encadré p. 30*).

DE LA FIN DU 18E S. AU 19E S.

La seconde moitié du 18e s. voit le retour aux formes classiques. À la fin du 19e s., le courant romantique réadapte le style manuélin. À la même époque, les façades des maisons se couvrent d'azulejos (*chapitre suivant*).

LES 20E ET 21E S.

Comme en témoignent de nombreuses et élégantes façades et bâtisses du centre-ville, l'**Art nouveau** rencontre un grand succès à Porto. Vous en verrez en particulier dans les rues du **31 de Janeiro** (Casa Vicent, l'ancienne bijouterie Reis & Filhos) et de Santa Catarina (Livraria Latina, une des plus anciennes librairies de Porto, Café Majestic, etc.), et aussi dans les rues de Cândido dos Reis et da Galeria de Paris.
José Marques da Silva (1869-1947) marque la physionomie de la ville au début du 20e s. Le style **Art déco** voit l'une de ses plus belles réalisations dans la Casa de Serralves (*p. 40*), conçue par Marques da Silva. Dans les années 1950, nait l'**école de Porto** qui se signale par son modernisme, son inventivité, son élégance et son attention au patrimoine historique. De son fondateur, **Fernando Távora** (1923-2005), citons les travaux d'aménagement du couvent de Refóios do Lima et ceux du couvent d'Oliveira à Guimarães. Architecte emblématique de cette école et élève de Tàvora, **Álvaro Siza Vieira** (*p. 133*) est l'auteur d'importantes réalisations, comme le musée d'Art contemporain de Porto en 1999 (*p. 38*) ou la mairie de Matosinhos, sa ville natale. Il reçoit le prix Pritzker en 1992. **Eduardo Souto de Moura**, architecte lui aussi lié à l'école de Porto, a notamment réhabilité l'ancienne prison de Porto pour y installer le Centre portugais de la photographie (*p. 35*) et dessiné le réseau du métro portuan. Autre consécration pour l'école de Porto, Eduardo Souto de Moura est lauréat du prix Pritzker, en 2011. Enfin, **Luís Pedro Silva** est l'auteur du très futuriste terminal passager de Leixões (*p. 42*), lauréat 2017 des Building of the Year Awards.
Ainsi, depuis la révolution des Œillets, Porto a connu un essor architectural important et a su donner une place à des œuvres contemporaines audacieuses.
Vous pouvez tenter de vous procurer auprès de l'office du tourisme de Porto le très bon livret « Parcours d'architecture à Porto, de l'avenue dos Aliados à Trindade » (pas toujours disponible) qui localise et décrit les édifices remarquables du centre-ville.

Azulejos et calçada portuguesa

Azulejos et calçada portuguesa sont deux éléments singuliers de l'art décoratif portugais.

AZULEJOS

Toujours très utilisés en décoration, les panneaux d'azulejos, dont l'origine remonte au 15e s., constituent une sorte de peinture-tapisserie sur carreaux de faïence vernissée. Bien que ces carreaux soient en majorité bleu et blanc, leur nom ne viendrait pas de azul (« bleu » en portugais) mais plutôt de l'arabe *al zulaycha*, qui désigne un morceau de terre cuite et lisse. L'azulejo fait partie du domaine architectural portugais et a été une des composantes des différents styles qui se sont succédé au fil des siècles.

L'origine andalouse

Les premiers azulejos venaient d'**Andalousie**, où ils décoraient les alcazars et autres palais. Ils furent introduits au Portugal par le roi Manuel Ier, qui, revenu ébloui par l'Alhambra de Grenade, fit décorer son palais de Sintra de ces riches carreaux. À partir du 16e s., l'Italien Francesco Nicoloso introduit la technique italienne de la **majolique** (la terre cuite est recouverte d'une couche d'émail blanc sur laquelle se fixent les pigments). Les azulejos deviennent un support répandu, un format « standard » est adopté : le carreau fait 14 cm de côté.

L'évolution stylistique

Vers le milieu du **16e s.**, l'influence flamande supplante les modèles espagnols avec des panneaux plus complexes utilisant des motifs comme la pointe de diamant. Au **17e s.**, sous la domination espagnole, le Portugal entre dans une période d'austérité. Pour décorer sans trop de frais les murs des églises, on utilise de simples carreaux monochromes disposés géométriquement. La restauration des Portugais sur le trône est suivie d'un essor créatif. On revient aux panneaux figuratifs décrivant des scènes mythologiques ou des « singeries » caricaturant les scènes de mœurs contemporaines. Les jaunes et bleus traditionnels sont relevés par le vert du cuivre et le violet du manganèse.
Dans la première moitié du **18e s.**, les azulejos sont presque exclusivement bleu et blanc ; cette mode vient des porcelaines chinoises mises au goût du jour par les Grandes Découvertes. Les panneaux qui couvrent le **cloître de la Sé** (*p. 18*) constituent un bel exemple de cette période. La seconde moitié du 18e s. est marquée par le style rocaille. On revient à la polychromie : le jaune, le marron et le violet dominent ; la peinture se fait plus fine. Au **19e s.**, des Portugais partis faire fortune au Brésil reviennent dans leur pays et couvrent les murs extérieurs

de leurs maisons d'azulejos. Cette pratique était courante au Brésil où l'on protégeait ainsi les façades des fortes pluies tropicales. Petit à petit, des rues entières, des façades d'églises se couvrent de petits carreaux de faïence produits de façon industrielle. L'azulejo devient aussi l'un des principaux éléments de décoration des magasins, des marchés et des gares, avec des sujets se rapportant au commerce, aux traditions ou à l'histoire. Il évolue selon les grands courants stylistiques : romantisme, Art nouveau, Art déco, etc. Les azulejos, bleu et blanc pour la majorité, recouvrent de nombreux édifices de Porto ; au gré de vos promenades, vous en verrez aussi bien sur les bâtiments historiques que dans les restaurants ou sur les devantures de boutiques. Citons quelques exemples représentatifs comme la salle des pas perdus de la gare de **São Bento** (*p. 30*), décorée d'immenses fresques bleu et blanc (1930) relatant des événements historiques du Portugal ; près du marché, la **capela das Almas** (*p. 30*) entièrement recouverte de panneaux sur deux côtés, un peu plus loin, dominant une petite butte, l'**igreja** (église) **Santo Ildefonso** (*p. 30*), ou encore l'**igreja do Carmo** (*p. 32*), dont le flanc droit est orné d'un grand panneau d'azulejos. Dans un style différent, on trouve aussi de jolis azulejos publicitaires pour une marque de vin dans les escaliers nord du **Mercado do Bolhão**, ou encore la charmante façade de style Art nouveau de l'épicerie **A Pérola do Bolhão** *(rua Formosa, 279)*. Aux environs, la gare de **Pinhão** (*p. 65*) est décorée de panneaux évoquant les vendanges, les paysages ou les activités traditionnelles dans la vallée du Douro.

CALÇADA PORTUGESA

(« Chaussée à la portugaise »)
À Porto, comme ailleurs dans le pays, les trottoirs et les places sont pavées de petits cubes de calcaire blanc et de basalte noir composant une véritable marqueterie de pierre. Le répertoire des frises est inépuisable : figures marines, armes de la ville, symboles historiques, dessins géométriques et même parfois logos commerciaux. Disposés le long des trottoirs, sur les places et les belvédères comme sur le pas d'une porte, elles sont un peu le pendant horizontal des azulejos. La nuit, leur surface blanche et réfléchissante scintille et illumine la ville. On les retrouve dans toutes les cités du pays, mais aussi à l'autre bout du monde, partout où les Portugais ont laissé trace de leur passage, du Brésil à Macao en passant par le Mozambique. Ce tapis de mosaïque est à lui seul une invitation à la marche. Mais gare à ne pas glisser par temps de pluie dans les ruelles qui dévalent vers le Douro à Porto...

Les grands personnages

AFONSO HENRIQUES

Père et fondateur du Portugal, **Alphonse Henriques** est né vers 1109 à Guimarães. Grâce à son habileté et sa longévité (il meurt en 1185 à Coimbra), il réussit à profiter de la crise de la monarchie castélo-léonaise pour consolider son comté puis installer un royaume. *p. 49.*

INFANTE DOM HENRIQUE

Porto est la ville natale de l'infant Henri (1394-1460), surnommé **Henri le Navigateur**, bien qu'il n'ait pris la mer qu'une seule fois. Il consacra sa vie à tenter de trouver une voie maritime directe qui relie l'Europe à l'Inde : l'idée de contourner le continent africain par le Sud germait déjà dans son esprit.

FERNÃO DE MAGALHÃES

(Fernand de Magellan)
Né aux environs de 1480 à Sabrosa, dans la haute vallée du Douro, c'est pour le compte du roi d'Espagne que le célèbre explorateur portugais atteint les Indes par l'ouest (1519-1521). Il est assassiné en 1521 sur l'île de Mactan aux Philippines, mais l'un de ses navires boucle cependant le **premier tour du monde** (1522).

MANOEL DE OLIVEIRA

Le **cinéma** portugais doit sa notoriété internationale à l'extraordinaire personnalité de Manoel de Oliveira, natif de Porto (1908-2015) et bien ancré dans sa ville. Son cinéma a grandi sur les rives du Douro. Son premier long-métrage, *Aniki-Bóbó* (1942), est dédié à sa ville natale, où il a tourné dès 1931 un documentaire, muet, consacré au Douro. Pendant la dictature salazariste, Oliveira produit très peu. C'est à partir des années 1980 qu'il réapparaît sur la scène. Fidèle à un certain cinéma, Oliveira s'est imposé avec des œuvres souvent décalées par rapport à la production cinématographique traditionnelle, et des histoires atemporelles.

ÁLVARO SIZA VIEIRA

Álvaro Siza (1933, Matosinhos) est l'**architecte contemporain** portugais le plus renommé. Après la révolution des Œillets, il prend part, à Porto, au programme d'habitat social destiné à fournir un logement en concertation directe avec les habitants, puis à de nombreux autres projets. À la fin des années 1980, il conçoit la faculté d'architecture de Porto, harmonieusement intégrée dans le paysage le long du Douro. Il est aussi l'auteur d'un monument emblématique de Porto, le musée Serralves (Museu de Arte Contemporanea, 1999, *p. 38),* et de la station de métro São Bento.

PRONONCIATION

Bien que la syntaxe et l'étymologie soient très proches du castillan, la prononciation du portugais est complètement différente et similaire au français pour certaines lettres comme le j, le c, le z, le ç, le ch, mais tout à fait originale par ses chuintantes, ses nasales et ses sifflantes.

Accent tonique – Dans les mots terminés par une voyelle (sauf i, u et les diphtongues) et par m ou s (sauf après i et u), l'accent porte sur l'avant-dernière syllabe. Les autres mots sont accentués sur la dernière syllabe (Tomar, Almeirim). Toute exception se signale dans l'écriture par un accent (Évora). Les voyelles atones sont souvent « avalées ».

Terminaisons nasales – Elles sont marquées par un m (Belém : B'lein), ou par le tilde (til), accent écrit qu'on trouve dans les voyelles ou diphtongues nasales ã (prononcer ain), ãe (ain-i), ão (ain-ou), ões (on-ich), etc. Très fréquente est la terminaison –ção, qui correspond à la finale française « tion » (estação, gare ou station) et se prononce « sain-ou ».

Consonnes – Le s est chuintant en fin de syllabe (Lisboa : Lijboa). Le r est guttural au début des mots. Le lh a un son mouillé comme dans « bille ». Le nh est prononcé « gne ».

MOTS USUELS

à droite .... **à direita**
à gauche .... **à esquerda**
à quelle heure..? .... **a que horas..?**
arrêt .... **paragem**
au revoir .... **adeus**
autobus .... **autocarro**
banque ; change .... **banco ; câmbio**
bateau .... **barco**
beau .... **bonito, lindo**
beaucoup ; peu .... **muito ; pouco**
boîte aux lettres .... **caixa de correio**
bonjour (le matin) .... **bom dia**
bonjour (l'après-midi) .... **boa tarde**
bonsoir .... **boa noite**
combien coûte..? .... **quanto custa..?**
danger .... **perigo**
douane .... **alfândega**
entrée ; sortie .... **entrada ; saída**
essence ; huile .... **gasolina ; óleo**
fleuve ; rivière .... **rio ; ribeira**
gare ; train .... **estação ; comboio**
grand ; petit .... **grande ; pequeno**
interdit .... **prohibido**
je ne comprends pas .... **eu não compreendo**
je ne parle pas portugais .... **eu não falo português**
la route pour..? .... **a estrada para..?**
lettre ; carte postale .... **carta ; postal**
lumière .... **luz**
madame .... **minha senhora**
mademoiselle .... **menina**
médecin .... **médico**
merci (par un homme) .... **obrigado**
merci (par une femme) .... **obrigada**
midi .... **meio-dia**
monsieur .... **Senhor**
où ? quand ? .... **onde ? quando ?**
où est..? .... **onde é..?**
oui ; non .... **sim ; não**
pardon .... **desculpe**
péage .... **portagem**
pharmacie .... **farmácia**
place .... **largo, praça**
poste .... **correios**

poste restante .... **posta-restante**
renseignements .... **informações**
rue ; avenue.............. **rua ; avenida**
s'il vous plaît............ **(se) faz favor**
timbre .... **celo**
tout ; tous .... **tudo ; todos**
tramway...................... **eléctrico**
travaux......................... **obras**
ville ; quartier .... **cidade ; bairro**
voiture .... **carro**

TEMPS ET JOURS DE LA SEMAINE

aujourd'hui .... **hoje**
demain matin .... **amanhã de manhã**
demain soir........... **amanhã à noite**
hier .... **ontem**
lundi .... **segunda-feira**
mardi .... **terça-feira**
mercredi .... **quarta-feira**
jeudi .... **quinta-feira**
vendredi .... **sexta-feira**
samedi .... **sábado**
dimanche .... **domingo**

CHIFFRES ET NOMBRES

1 .... **um**
2 .... **dois**
3 .... **três**
4 .... **quatro**
5 .... **cinco**
6 .... **seis**
7 .... **sete**
8 .... **oito**
9 .... **nove**
10 .... **dez**
11 .... **onze**
12 .... **doze**
13 .... **treze**
14 .... **quatorze**
15 .... **quinze**
100 .... **cem**
1000 .... **mil**

LIRE LA CARTE AU RESTAURANT

abacate .... avocat
alface .... laitue
água com gás.......... eau pétillante
água sem gás .... eau plate
açúcar .... sucre
amêijoa .... palourde
arroz .... riz
atum .... thon
bacalhau .... morue
bife .... steak
bolo .... gâteau
camarão....................... crevette
carne .... viande
cerveja .... bière
chá .... thé
cozido............................ bouilli
linguado.............................. sole
manteiga .... beurre
marisco .... fruits de mer
pão .... pain
peixe.............................. poisson
polvo .... pieuvre
prato.............................. assiette
presunto .... jambon (fumé)
queijo .... fromage
sardinhas .... sardines
tamboril............................. lotte
vitela................................. veau

Un descriptif des spécialités gastronomiques se trouve dans le chapitre Gastronomie de la partie « Pour en savoir plus », 122.

RESTAURATION

addition . . . . **conta**
bière . . . . **cerveja**
café au lait. . . . . **café com leite**
carte . . . . **lista**
(petit) déjeuner . . . . **(pequeno) almoço**
dîner . . . . **jantar, ceia**
eau ; verre . . . . **água ; copo**
frais, réfrigéré . . . . **fresco**
glace, glaçon . . . . **gelo**
huile d'arachide . . . . **óleo**
huile d'olive. **azeite**
jus de fruit. . . . . **sumo de fruta**
jus d'orange pressée. . . **sumo de laranja natural**
menu . . . . **ementa, carta**
pain. . . . . **pão**
plat du jour . . . . **prato do dia**
poisson . . . . **peixe**
poivre, sel . . . . **pimenta, sal**
sucre. . . . . **açúcar**
thé. . . . . **chá**
viande . . . . **carne**
vin rouge . . . . **vinho tinto**

HÉBERGEMENT

pension (modeste) . . . . **pensão**
hôtel simple (servant les repas) . . . . **pensão residencial**
hôtel de luxe. . . . . . **pousada, estalagem**
chambre (deux pers.). . . . . **quarto (de casal)**
chambre avec salle de bains . . . . **quarto com banho**

SITES ET CURIOSITÉS

abbaye . . . . **abadia**
barrage . . . . **barragem**
belvédère . . . . **miradouro**
bois. . . . . **mata**
boiserie . . . . **talha**
cathédrale. . . . . **Sé**
centre-ville . . . . . . **baixa, centro urbano**
chapelle . . . . **capela**
château fort . . . . **castelo**
chœur. . . . . **capela-mor**
cité . . . . **citânia**
clé . . . . **chave**

port . . . . **porto**
couvent . . . . **convento**
croix ; calvaire. . . . . **cruz ; cruzeiro**
donjon . . . . **torre de menagem**
église . . . . **igreja**
escalier. . . . . **escada**
étage . . . . **andar**
fermé ; ouvert. . . . . **fechado ; aberto**
fleuve, rivière . . . . **rio**
foire . . . . **feira**
fontaine . . . . **chafariz**
fouilles . . . . **escavações**
grotte . . . . **cova, gruta**
guide . . . . **guia**
hôtel de ville . . . . **paços do concelho**
île . . . . **ilha**
lac de barrage . . . . **albufeira**
mairie . . . . **câmara municipal**
maison . . . . **casa**
manoir . . . . **solar**
vue, panorama . . . . **vista**
marché. . . . . **mercado**
monastère. **mosteiro**
moulin . . . . **moinho**
palais, château . . . . **paço, palácio**
parc . . . . **parque**
paysage . . . . **paisagem**
peut-on visiter ? . . . . . . **pode-se visitar ?**
plage . . . . **praia**
propriété à la campagne . . . . **quinta**
quartier . . . . **bairro**
ruines . . . . **ruínas**
s'adresser à... . . . . **dirigir-se a...**
siècle . . . . **século**
site . . . . **local**
tapis, tapisserie . . . . . . **tapête, tapeçaria**
tombeau . . . . **túmulo**
tour. . . . . **torre**
trésor . . . . **tesouro**
vue, panorama. . . . . **vista**

URGENCES

pharmacie . . . . **farmácia**
médecin. . . . . **médico**
hôpital . . . . **hospital**
accident. . . . . **acidente**
police . . . . **polícia**

T

V

W

Crédits photographiques p. 4-5
(de gauche à droite et de haut en bas)

ptxgarfield/Fotosearch LBRF/age fotostock
A. Copson/age fotostock
P. Alix/Iconotec/Photononstop
João Paulo/Municipio do Porto
J.-B. Rabouan/hemis.fr/ADAGP, Paris 2019
M. Sanchez/Michelin
Ríos Lanz/age fotostock
C. Watson/John Warburton-Lee/Photononstop

Collection sous la direction de Philippe Orain

Responsable d'édition et rédacteur en chef du guide : Natacha Brumard

Secrétaire d'édition Emmanuelle Souty

Rédaction Denis Montagnon, Célia Bénisty, Philippe Bourget, Séverine Cachat, Tiphaine Cariou, Mélanie Cornière, Michel Fonovich, Alexandra Forterre, Serge Guillot, Emmanuelle Lepetit, Valérie Minet, Marie Perchat, Jérôme Saglio, Emmanuelle Souty

Remerciements Cristina Azevedo (Département du Tourisme de la Mairie de Porto)

Ont contribué à ce guide Maria-Mirabela Dumbrăveanu, Costina-Ionela Tarcea, Theodor Cepraga, (**Cartographie**), Véronique Aissani, Carole Diascorn (**Couverture**), Maria Gaspar, Sophie Roques (**Iconographie**), Denis Montagnon (**Données objectives**), Bogdan Gheorghiu, Cristian Catona, Hervé Dubois, Pascal Grougon (**Prépresse**), Dominique Auclair (**Pilotage**)

Plans de ville : © MICHELIN et © 2006-2017 TomTom. All rights reserved

Conception graphique Laurent Muller (couverture et maquette intérieure)

Régie publicitaire et partenariats business-solutions@tp.michelin.com
Le contenu des pages de publicité insérées dans ce guide n'engage que la responsabilité des annonceurs.

Contacts Qu'avez-vous pensé de ce guide ?
Répondez à notre questionnaire en ligne, en allant sur le site : satisfaction.michelin.com

Vous souhaitez nous contacter ?
Envoyez-nous un email à l'adresse : tourisme@tp.michelin.com

Parution 2019

Michelin Travel Partner
Société par actions simplifiée au capital de 15 044 940 EUR
27 Cours de l'Ile Seguin - 92100 Boulogne Billancourt (France)
R.C.S. Nanterre 433 677 721

Dépôt légal : 02-2019 – ISSN 0293-9436
Compograveur : Michelin Travel Partner, Boulogne-Billancourt
Imprimeur : Estimprim, Autechaux
Imprimé en France : 01-2019

Usine certifiée 14001
Sur du papier issu de forêts bien gérées.